银行业和金融服务的未来

如何抓住机会应对颠覆性创新和挑战

[法]伊格纳西奥·加西亚·阿尔维斯　　[西]菲利普·德·巴克尔　　[美]胡安·冈萨雷斯 ◎ 著
（Ignacio Garcia Alves）　　　　（Philippe De Backer）　　　　（Juan Gonzalez）

赵泽铭 ◎ 译

中国科学技术出版社

·北　京·

DISRUPTION: THE FUTURE OF BANKING AND FINANCIAL SERVICES By
Ignacio Garcia Alves
© Arthur D. Little
Copyright licensed by LID Business Media Limited
Arranged with Andrew Nurnberg Associates International Limited
Simplified Chinese © China Science and Technology Press Co., Ltd.

北京市版权局著作权合同登记　图字：01-2022-5242。

图书在版编目（CIP）数据

银行业和金融服务的未来：如何抓住机会应对颠覆性创新和挑战 /（法）伊格纳西奥·加西亚·阿尔维斯（Ignacio Garcia Alves），（西）菲利普·德·巴克尔（Philippe De Backer），（美）胡安·冈萨雷斯（Juan Gonzalez）著；赵泽铭译 . — 北京：中国科学技术出版社，2023.6

书名原文：Disruption: The Future of Banking and Financial Services

ISBN 978-7-5236-0202-7

Ⅰ.①银… Ⅱ.①伊… ②菲… ③胡… ④赵… Ⅲ.①金融—商业服务—研究 Ⅳ.① F831

中国国家版本馆 CIP 数据核字（2023）第 069086 号

策划编辑	李清云	责任编辑	刘　畅
封面设计	创研设	版式设计	蚂蚁设计
责任校对	焦　宁	责任印制	李晓霖

出　　版	中国科学技术出版社
发　　行	中国科学技术出版社有限公司发行部
地　　址	北京市海淀区中关村南大街 16 号
邮　　编	100081
发行电话	010-62173865
传　　真	010-62173081
网　　址	http://www.cspbooks.com.cn

开　　本	880mm×1230mm　1/32
字　　数	223 千字
印　　张	11.25
版　　次	2023 年 6 月第 1 版
印　　次	2023 年 6 月第 1 次印刷
印　　刷	北京盛通印刷股份有限公司
书　　号	ISBN 978-7-5236-0202-7/F·1145
定　　价	89.00 元

前　言

任何类型的书籍写作都是一副重担。不仅要对自己的想法进行初步思考和检测，还要通过研究来验证想法是否可行。对于像本书一样的技术书籍，这种前期准备或是信息收集并非无关紧要。之后就是选择和组织所收集的材料——这些都是在正式写作之前要完成的。

虽然大部分工作都是在独立状态下完成的，但是本书也是一项合作项目。考虑到本书研究对象银行业快速发展的性质，合作尤为重要。

因此，本书除了借鉴许多当前的信息源，如果没有得到来自全球各地的银行和金融机构的领导者的宝贵支持，这本书根本不可能完成。

领导者们需要根据自己对周围世界的观点和看法、当前的状况以及为了使自己的组织——无论是历史悠久的老字号，还是势如破竹的颠覆者——在未来的旅程中做好准备，做出业务变革的决定。

这意味着他们每个人都带来了个人视角，基于各自对银行业"到达点"的理解，以及包括商业模式、技术采用程度、地段和客户群的性质等各项因素。

并非所有人都认同我们对传统银行业的评价。事实上，有些人坚定地捍卫着银行业的长期未来，认为我们目前正处在一个过渡期，之后事情会回到与以前相似的状态。

虽然对银行业"到达点"的看法不尽相同，但有一点是大家的共识：现在银行业的日子并不好过。

即使本书的贡献者们的观点与我们的中心论点并不完全一致，他们的见解也会使得我们质疑自己的立场，在某些情况下做出改变。

遗憾的是，本书的结构和编辑过程意味着我们只能节选我们访谈之中的一小部分材料，不能把每位贡献者的观点完整呈上。然而，事实证明，我们从中所获的洞察和见解有助于塑造我们的思想和想法，这是我们在这个旅程开始时未曾预见的。我们在此向每一位慷慨地付出宝贵时间、接受我们的访谈、帮助我们思考的人致以诚挚的谢意。

在本书的写作过程中我的同事多次向我提供了他们的专业知识和指导。基于他们与金融界客户的合作经历，他们敏锐地意识到这一行业如何发展，因此，利用他们的高质量研究也对本书大有裨益。我想在此特别感谢胡安·冈萨雷斯（Juan Gonzalez）对本书做出的巨大贡献。在本书的撰写和编辑过程中，胡安一直作为材料的贡献者、敏锐的评论家和及时的支持者。谢谢你，胡安。

现在，请让我带着你阅读这本书吧。

目　录

第一章　银行业的未来　/ 001

当前情况如何？　/ 003

转型势在必行　/ 005

新时代的正确领导　/ 006

困于技术　/ 008

是否存在一份路线图？　/ 010

取舍与前行　/ 011

不创新则灭亡　/ 013

实践和软件同等重要　/ 015

第二章　如何走到了今天这一步？　/ 017

全能银行模式分崩离析　/ 020

危机虽过，但诸事不顺　/ 021

失去市场的宠爱　/ 024

不良贷款浪潮即将席卷而来　/ 025

遵守规则　/ 027

体量并非一切　/ 029

银行业路在何方？　　/ 031

第三章　消失的银行　/ 033

为什么撤离国际市场？　/ 036

谁在填补这些空白？　/ 037

所以，大未必好　/ 039

新时代即将来临　/ 040

颠覆，并不新鲜　/ 045

是敌是友？监管难题　/ 046

合规的高成本　/ 048

金融科技公司是否会被监管重拳出击？　/ 049

谁才是金融警察？　/ 051

Wirecard事件　/ 053

技术正在加速　/ 055

第四章　迎接吵闹的邻居　/ 059

金融科技公司——高效的掠夺者　/ 063

全新的金融生态系统　/ 069

破坏者在哪捕捞？　/ 071

赢家和输家　/ 073

科技巨头也在行动　/ 075

如何赢得这场不可能的战争？　/ 077

金融科技公司何时收购银行？　/ 078

濒危物种　/ 081

大卫对巨人，你死还是我活？　/ 081

日益复杂的环境　/ 082

金融科技公司的选择　/ 083

但还有一种相反的观点　/ 084

金融科技尚未收购……暂时　/ 086

第五章　二者兼顾的组织　/ 089

新的银行组织　/ 093

别再继续你一直在做的事　/ 095

如何变得"二者兼顾"？　/ 097

"二者兼顾"的领导者　/ 099

寻找合适的领导者　/ 102

董事会的作用　/ 104

成为转型的拥护者　/ 106

变革从未止步　/ 107

成功的回报　/ 108

CEO，大不同　/ 110

苏格兰皇家银行，一路走好　/ 113

第六章　改善你的绩效 / 117

以正确的方式削减成本　/ 119

摆脱"寄生虫"　/ 121

锯掉旧技术　/ 124

谁的技术栈？　/ 126

转向云端　/ 128

引入AI，光明正大　/ 131

让客户像分析师一样思考　/ 132

输入垃圾，输出糟粕　/ 134

过时技术正在衰退　/ 136

契合　/ 138

第七章　培养你的客户 / 141

衡量成功的错误标准　/ 144

找到你的客户　/ 145

捕捉你的那份声音、思想和心灵　/ 146

来真的吗？　/ 149

把客户带到想去的地方　/ 150

背景是关键　/ 152

归根结底还是信任问题　/ 157

客户参与在行动　/ 160

作为"数据公司"的银行 / 161

口袋里的便利 / 163

玩转银行游戏 / 164

一路走好，全能银行——下一个是谁？ / 165

第八章 实现数字化转型 / 169

成功实现数字化转型 / 173

不只是次要项目 / 175

旧数字战略无法奏效 / 179

持续的技术调整 / 181

从愿景开始 / 183

了解你当前的位置 / 184

愿景、目标和指标 / 185

第九章 选择你的战场 / 189

更多战略选择 / 192

原地踏步全无作用 / 193

融合的兴起 / 195

银行和电信运营商 / 197

融合的机会在哪里？ / 198

谁已经在利用融合的优势？ / 199

迈向新的牧场　/ 202

破解中小企业市场　/ 207

在已有的基础上再接再厉　/ 208

挑选正确的战场　/ 212

会不会让银行走得更快?　/ 220

第十章　颠覆者的思维　/ 223

颠覆者的视角　/ 224

公司的视角　/ 233

第十一章　一起愉快地玩耍　/ 239

开放银行打开大门　/ 241

合作的需求　/ 243

生态系统里都有谁?　/ 248

与他人合作的形势　/ 252

第十二章　"世易时移,变法宜矣"　/ 255

响亮而自豪　/ 257

增长的动能　/ 258

吃掉自己　/ 262

如果你不创新，别人就会创新　/ 263

处处创新　/ 265

创新——不用担心过火　/ 266

计划创新　/ 268

寻求外部帮助　/ 271

创新的四个维度　/ 273

等待银行的"优步"　/ 275

第十三章　如何缩短旅程？　/ 279

B6的故事——一场数字灾难　/ 281

玩沙子　/ 284

取得突破性进展　/ 287

建立一个孵化器　/ 290

谁来负责？　/ 291

孵化结束后　/ 292

技术伙伴　/ 296

第十四章　组织文化　/ 299

变化的复杂性　/ 302

改变结构　/ 303

组织文化——CEO拥有，员工创造　/ 305

寻找合适的人才　/ 310

创造数字化的工作场所　/ 312

准备好迎接不断变化的工作世界　/ 313

鼓励创造　/ 315

第十五章　银行能否反击？　/ 321

前景太过黯淡？　/ 323

新进入者蚍蜉撼树　/ 324

如何重回正轨？　/ 325

更小的份额，更大的蛋糕　/ 326

第一章

银行业的
未来

本书的主题是银行业的未来。

更具体地说，这本书所关注的是那些一般被称为"全能银行"①的银行机构，探讨它们若想在经济下行初现端倪的环境中或是面对不断涌现的新竞争者时幸存下来，需要进行哪些变革。

本书包含的观点和见解来源于笔者在国际咨询机构理特管理顾问公司（Arthur D. Little）的工作经验和研究成果，综合了与世界各地大量金融机构领导者的交流访谈。

作为本书的开篇章节，本章的内容是笔者思考的缩影。与阿加莎·克里斯蒂的悬疑小说不同，笔者不会把揭露凶手的部分一直留到最后一页。

笔者希望任何对金融——我们这个世界的重要支柱——感兴趣的读者都能读到这本书。然而，笔者认为，这本书将会特别引发那些金融服务部门从业者的共鸣，他们已经明显感觉到传统银行业发生了根本性变化。

如果读到这里，你正是这样的人，笔者希望本书中的内容

---

① 全能银行（universal banks），又作综合银行，指不受金融业务分工限制，同时经营投资银行和商业银行业务的银行机构。——译者注

对你有所帮助。但是必须明确：你不会在本书中找到魔杖或神奇的方法可以让事情重回正轨。这本书不是一本写满"按量照做"的精确食谱的烹调书，不能直接把你从当前位置带到目的地。

银行的情况极为独特、十分复杂，变化不能一蹴而就。因此，每家银行需要如何应对将取决于他们的历史、竞争态势、产品性质和复杂程度、政府和监管机构等第三方施加的外部影响，以及他们对转型的准备和意愿。

相反，笔者希望您把这本书当作一张路线图。它可以为您推荐前景光明的行动方案，帮助指导你朝着正确的方向前进。换句话说，你可以把这本书视为激发行动的"思考工具"。如果笔者的观点无误——笔者相信它们是正确的——你需要尽快采取行动。若要防止颠覆性的新组织后来居上，取代你的现有地位，及时采取行动的紧迫性就十分突出了。①

当前情况如何？

伴随着我们成长的传统银行的模式已经不再适合当下的情况，之所以这样说是因为笔者的研究和分析只能得出这样的结论。

---

① 原文中的短语 "pull the rug from under" 本义指从脚下抽出地毯，从而让地毯上站着的人摔倒。此处引申为停止对某人的支持、颠覆公司的市场地位。——译者注

当然，作为读者，你可能不赞同这种激进的说法。你可能认为笔者是无耻的知识分子，无权发出如此严厉的警告。这是你的权利。

然而笔者认为，支撑这一说法的证据无可争议。笔者希望你能一直读到这本书的最后，这样你也许会对未来的情况做出相同的判断。

出于对自己的辩护，笔者还需要指出，我们并不是说银行没有未来。笔者并不是在暗示传统银行应该躲在角落，蜷缩起来，静静等待凋零。相反，我们建议银行必须接受这一事实：银行的未来将会大为不同。

最主要的是，如果银行领导者们不做出彻底的改变，银行业的未来的确会黯淡无光。

在本书的第一部分，笔者将阐述为什么我们认为传统的"全能银行"模式已死。我们将会讨论它如何被不断变化的市场和新型金融行业机构扼杀。这些颠覆者脚步轻盈、灵活多变，拥有惊人的颠覆性技术实力。

这些为行业带来变革的参与者的到来本应给银行敲响警钟，因为银行若要在危机中求生，他们需要迅速行动。不幸的是，银行是一个保守的组织，往往行动非常缓慢。银行在历史上不适应变化，而且通常也不善于预测变化。这种受到传统束缚的惯性——以及对变革的断然抵制——意味着"传统银行"的转型将需要大量的努力。

当前的游戏规则已经发生了根本性的变化，传统银行别无选择，只能采取一种不同的、更适合我们所知世界的模式。但是，传统银行的生存将依赖于自身的彻底转变，所有的传统银行都在面临一个重要问题。机构的重塑需要付出巨大的代价，这就带来了一个问题：若要采取必要的行动，钱从哪儿来？

只要看一眼数字就知道，市场正在押注谁家——很明显，市场没有押注那些正在折价交易的全能银行。如果分拆成专门、独立的业务，这些银行的价值将远比现在更高。

市场支持的是新的行业参与者——金融服务技术公司（所谓的Fintech①，金融科技公司）以及通常尚未实现赢利的挑战者银行。

转型势在必行

在本书的第二部分，我们将更详细地审视这个问题，讨论传统银行将如何反击、并最终生存下来。我们会建议银行在短期内改善业绩，以取得更好的结果，这表现在资本回报率等指标上，这将产生启动创新计划所需的资金，而创新计划是未来

---

① Fintech由financial（金融）和technology（科技）两个词组合而成，一般指突破传统金融服务模式、从事金融行业服务的高新技术企业。——译者注

增长的变革性引擎。

但是，银行只有触及变革的实质，即根本性的重组，才能实现这一目标。这不是一系列渐进的改进，也不是在浅尝辄止，更不是补上船舱的隙板后静观其变。相反，我们讨论的是组织核心部分的变化，除此之外的一切都只是在重新排列正在沉没的"泰坦尼克"号上的躺椅。

传统银行的未来之路相对清晰，但并不意味着难度较低。如何同时实现两个看似互不相容的目标——短期进步和长期创新——远非易事。

但是，我们相信有一条前进的道路。事实上，我们已经见到很多组织成功地解决了这两个亟待解决的问题。最成功的组织能够二者兼顾，平衡这两者之间的关系，在维持日常生存的同时进行变革。

他们一直专注实现长期目标，提升运营效率，从而成功地扭转局面。他们不断地通过创新来重塑自身组织，重新定位以满足市场未来的需求，这正是"二者兼顾"的意义所在。

新时代的正确领导

以下方面可能对读者而言并不奇怪，建立这种新模式还需要一种特别的领导者——一位同样"二者兼顾"的首席执行官（CEO），愿意突破传统银行的常规和界限，必要时做出重大决策。CEO最重要的任务之一就是向利益相关者说明彻底变革的必要性，并且"一切照旧"不再是一项可行的选择。

遗憾的是，如果一个组织的现任CEO不能完全理解他们需要做的不仅仅是管理现状，那么任何变革在开始之前已经注定失败。

由于CEO们正在瞄准未知领域，现在的情况变得更加复杂。上一次全球经济衰退到现在已经过去了十多年，当时，大多数现任的银行业领导者还没有担任领导职务。这意味着他们从来没有应对过任何不可避免的情况。

因此，传统银行需要领导者能够大胆设想所需的新组织，以及创建这种新组织需要完成哪些事项。如果领导者不能清楚地表达这些诉求，其他人则不会跟随他们的脚步。

这意味着，如果现在处在这个位置上的人并非合适人选，那么他们应该让位给那些愿意以新颖且有创造力的方式拥护组织业务的颠覆性创新者。组织需要的领导者需要拥有战略胆识，愿意想他人之不敢想，并随时准备抛弃当前的无效业务、收入或运营模式。

若要如此，他们必须拥有洞察力，能够预见世界未来的状态并预先设想他们的客户在两年、五年和十年之后需要的产品和服务，还必须拥有雄心，能够创造优秀的客户旅程、确保未来几年之内的品牌忠诚度。在这个过程中，银行还需要从亚马逊、谷歌和脸书（现已更名为元宇宙）之类的企业身上学习经验、吸取教训，而不是从其他银行。

当然，如果CEO得不到整个最高管理层和董事会的支持，任何变革最终都只能化为泡影。如果董事会不能认识到需要完成哪些事项，那么组织可能会继续由一个专注于昨天而不是明天的领导者领导——要么是出于组织的惰性、要么是由于招人不慎。

如果董事会和所有的高管不能同心协力，缺乏一致意见将使组织内部的分歧难以消除，这些内部分歧往往会导致重大改革的失败。

困于技术

在这本书的后续部分，我们将详细研究传统银行如何通过生产力和增长来改善短期业绩并开启转型之旅。

过去，许多银行认为提高生产力只是一个大幅削减通用成本的问题。虽然生产力的提高可能会在短期内缓解一些压力，但这种收效并不能令人满意。相反这种"放血疗法"只会使"病人"更虚弱，而不能帮助他们恢复健康。

因此，最好是通过针对特定流程的、有针对性的干预措施，以及通过引入新技术，使银行能够少花钱、多办事，从而提高生产力。我们所说的"数字问题解决"，可以帮助改善企业内部运转的各个方面。

遗憾的是，在拥抱新技术方面，银行再次遇到了一个大问题。

多年来，银行一直在原地踏步，使用古老的网络技术（IT）系统，根据需要向其中增加新的组件，同时胡乱地修补那些不能正常工作的部分。这个问题导致的结果是大多数银行现在都基于混乱的IT系统，拖了业绩后腿而不能提高业绩表现。这个问题需要得到解决。但是，如果解决这个问题意味着大量的财务投入，那么谁还会愿意着手呢？这时，勇敢、多面的CEO必须站出来，说服董事会从头开始重建基础设施，而不是给摇摇欲坠的技术大厦继续"打石膏"。

只需要观察获客的挑战，就可以知道传统银行必须引入机器人流程自动化（Robotic Processing Automation，RPA）等工具来处理仍在手动完成的众多任务。银行还可以建立新的数字通信渠道，以更好地吸引客户，或是部署人工智能（AI）系统，更好地分析数据。

数据是驱动业务发展的新动力，而银行坐拥着大量数据。然而，如果不能将其转化为有助于为客户创造所需的超个性化服务的产品，那么这些数据就并没有得到充分利用，这对于传统银行的生存和未来的成功是极为重要的。

传统金融机构面临的主要挑战之一就是他们的许多数据无法访问，禁锢在不同的竖井（数据孤岛）之中，而这是银行倾向于按垂直业务划分部门的历史结果，如零售、企业和投资银行。

如果数据不能在部门之间顺利流动，那么你就不可能对客户有全方位的认识。如果想要观察是哪些相互依赖和关联关系让你能够向客户提供与他们最相关的产品，这种全方位的认识是十分必要的。

优化IT和流程十分重要，但这只是实现更高生产力的一个因素。另一个重点是消除复杂性，传统银行在这方面大有可为。例如，银行应该及时清理充斥在投资组合之中的那些过时的、表现不佳的旧产品。

当然，我们应该承认，对传统银行来说，消除复杂性的任务并不会因为行业监管机构和越来越严格的合规要求而变得简单，他们的监督和执行只会使这个任务更为繁重、复杂。

是否存在一份路线图？

如果银行缺乏清晰的前进路线图和对流程的充分把握，需要完成的事项就无法实现。这也是许多银行尽管投入巨大，但数字化尝试最后失败的原因。这些通常相当于随机行为，而不是有凝聚力的、总体生产力战略的一部分，比如，让银行从客户那里获得更多收益，并将资本分配到作用最大的地方来更有效地使用。

我们很容易认为提高生产力是为了让企业在未来的竞争中处于正确的状态。然而，提高生产力本身并不足以将银行所需的短期进步落实到位。这一提高还需要伴随着增长，因为增长才是变革的推进剂。没有增长，就没有转型。

扩大收入来源的迫切需求，也正是我们所说的"增长势在必行"。扩大收入来源将会提高业绩的顶线，而不是像生产力改善那样提高底线。

基于我们自己的研究，我们发现增长是极其重要的。事实上，过去十年间，标准普尔指数所涉及的公司有75%的业绩表现来自他们的增长率。

这种可持续的增长有助于形成一种良性循环，提供可以重新投资于组织的资金，以支持其未来的转型。这将使银行从目前的劳动密集型模式转变为基于资本的、高技术低人力模式。

取舍与前行

不幸的是，增长并不能一蹴而就。你不可能某天一早醒来就宣布每个人都应该去追求增长。我们会证明，对于那些为了追求"错误的增长"而走上这条道路的组织来说，事情的结局往往并不令人乐观。如果你的增长计划风险太大，那么计划注定会失败；同时，如果它不够激进、不够创新，那么也会以失败告终。

本书的一个关键信息是，除了最大规模的传统银行外，所有其他银行都将不得不放弃他们的部分业务要素，因为如果想要面面俱到、包罗万象，将会导致成本极高、效率极低。

所有任务不可能同时完成，这就要求分身有术的CEO做出决定，确定应该优先考虑哪些领域。如果尝试面面俱到，你会使自己陷入非常不利的地位。

因此，虽然转型需要速度，但是试图同时推动所有任务并不可取。这必然会导致银行陷入困境。我们经常见到这样的情况：银行试图同时应对大量挑战，但全都以失败收场。

然而，也有一些敞开的机遇之门。以过往的能力为基准，许多新的机遇将出现在历史经验之外，这就是"延伸市场"的领域，即从银行向外扩张的同心圆的不同部分。

距离中心最近的大门可能是最容易进入的，但是它们可能不够激进，无法带来所需的变化。一方面，进入这些领域，就像是在笔记本电脑时代把机械式打字机换成电动打字机一样，它可能会在微观层面上对情况进行改善，但并不重要，因为你仍然会被甩在后面。另一方面，如果变化太大，你就会发现所处的领域与银行的环境过于脱节，这可能会带来更大的不可预测性，出现意外状况的可能性也会随之增加。

因此，银行需要将其行业置于"金发姑娘"①区间，可以

---

① 金发姑娘原则（Goldilocks Principle）由西方童话故事《金发姑娘和三只小熊》演变而来。在故事里，迷路的金发姑娘未经允许闯入了三只小熊的房间，她尝了三只碗里的粥、试了三把椅子、躺了三张床，最后认为小碗、小椅子和小床最舒服，最适合自己。金发姑娘原则，即做出选择时，选择刚刚好、适合自己的领域。——译者注

同时获得奶酪和饼干，而不是一边是奶酪、一边是粉笔。

此处，一个值得讨论的现象是融合的整体概念：具有共性和协同作用的不同细分市场和行业如何随着时间的推移不可避免地融合到一起。

最终，细分市场和行业之间的界限逐渐消失，参与者能够相对轻松地缩小差距。融合的益处是双重的：它使得竞争者能够颠覆现有的价值链从而处于有利地位，它还可以为那些准备抓住机会的人创造机会。

不创新则灭亡

如果银行要找到并进入适合自己的区域，他们必须开始以不同的方式做事，重复更多相同的做法并不可行。因此，在本书的最后部分，我们考虑银行如何通过创新重塑自身，帮助确保其长期生存。

银行一直以来相当擅长创新。例如，世界上第一台自助取款机位于伦敦北部恩菲尔德（Enfield）的巴克莱银行（Barclays）分行，早在2017年就庆祝了它的50岁生日。不过最近，传统银行已经迷失方向，将创新的接力棒交给了金融科技公司。

现在，人们可能有一种感觉，即创新是一种不定期出现的事项，而不是一个必须持续的过程。认识到这一点往往是传统金融组织的最大挑战之一，因为它们的基础就是建立在保持稳定的前提之上，而不是处于任何形式的巨变的中心。

这个认识可能有些令人沮丧。因此，分身有术的CEO再次登场，他必须确保创新作为转型过程的一部分，渗透到组织的每个细胞。

但是如何才能最好地实现所需的创新？

传统银行需要四处寻找新的思路，包括（尤其是）那些在金融服务领域以外的思路，而不是专注于常规思路。然后，他们必须取其精华，通过实验、试错和验证以及快速的原型方法探索那些具有最大潜力的思路。

这时，银行需要考虑培育新项目，以便项目能够以安全、可控的方式取得成果。尽管这些都是威力强大的工具，许多银行和金融机构一直在努力有效使用。银行面对的最大障碍往往是，无法将他们"孵化出的婴儿"培养成为一个能够在成人的世界中应对挑战、存活下来的功能齐全的实体。很多时候，这些新后代被他们的母体所压倒，因为他们太过羸弱，无法成为组织的核心组成部分。出现这种现象往往是由于资金不足或缺乏所需资源。

但是，我们相信有一种方法可以有效地实现这一点，即使用我们所说的"突破孵化器"。这种工具可以确保一个新项目能够成功地扩大规模，适当地连接到主体组织。这样一来，孵化产物就可以成为组织家庭中的正式一员，同呼吸、共饮食。

一旦这种"突破孵化器"成功一次，且效果甚佳，它便可以成为未来所有创新的共有模式。

实践和软件同等重要

毫无疑问，一个想法如果不能很好地实施，那么再好都无所谓。从想法到实施的过程中往往存在最后一道障碍：人。

许多银行正在面临内部能力的挑战。他们的团队缺乏必要的技能来实现成功的转型。这种能力的缺乏往往与技术有关，而且不仅限于建立或运营一个尖端技术基础设施，在客户管理、数字营销和数据分析等方面的技术应用也存在问题。

通常来说，在组织突然面临准备不足的情况之前，一般不会有人注意到这种技术差距。

这也就意味着银行需要从现在开始把自己当作科技公司，以此为原则招募合适的人才。招兵买马对银行来说并不容易，因为许多"千禧一代"和"Z世代"的成员现在更愿意为"更有活力"的金融科技公司工作。

因此，创造一种适当的文化也是任何真正实现多方面兼顾的组织中的CEO的首要任务之一。这需要思维方式的转变，不仅要鼓励员工的主动性，而且要愿意接受改变，而不是惩罚失败。同样地，这也掌握在灵活的领导者手中。领导者必须积极、主动地探索在组织内外创造信任、增加参与的方法。

传统银行能否从岌岌可危的市场地位发起反击？如果银行接受笔者在本书中提出的一些经验和教训，装备自己开启独特的转型之路，答案就是"能"。

那么，接下来就让我们一起迈出第一步，弄清到底发生了什么吧。

第二章

如何走到了
今天这一步?

我们认为，由于应对监管和数字化的挑战需要巨额投资，未来可能只会有10~12家全球银行——银行需要足够大的规模来摊销这些投资，需要进行商品化。这些全球银行中可能有4~5家银行来自美国，还有一些来自欧洲国家，如德意志银行、汇丰银行和巴克莱银行，其余的则来自亚洲国家，如中国和日本。每家银行的发展动能和运营层面都各不相同。此外，在客户、产品或地域方面，利基银行也可能有发展空间。所以，小型银行不会消失，它们只是会有所不同。

——节选自法国巴黎银行东南亚/新加坡区域负责人

乔里斯·迪尔切克斯（JORIS DIERCKX）

与理特管理顾问公司的访谈

1986年10月27日，伦敦"金融大爆炸"发生。这一天，伦敦市正式解除管制，从此成为与纽约相媲美的全球金融中心。从面对面交易到电子交易的转变，将伦敦推向了欧洲金融服务的最前沿，使其立即成为国际银行的首选目的地。这种高度竞争、快速发展、充满创新的环境，给以前戴着礼帽的银行家和经纪人的世界带来了彻头彻尾的变化。

对大街上的普通银行客户来说，这个变化可能没有什么意义。但是，令那些长期以来一直为此游说的人感到高兴的是，整个银行界正在幕后发生着剧烈的变化。

对于银行和运营人员来说，"金融大爆炸"是一个令他们欣喜若狂的时刻，尤其是因为现在不只是高层人士，他们自己也可以获得天价薪水。

突然间，银行家们被允许创造新的合成产品，可以积极地向新市场和原本不知道自己需要这些产品的客户销售。

几十年来，银行家们一直津津乐道、肆无忌惮地接受这一前景，最终却导致了一场几乎让我们走到崩溃边缘的金融危机。这场危机不仅改变了游戏规则，也改变了游戏本身，播下了毁灭自己的种子。

鉴于由此产生的混乱局面，监管机构介入并提出了新的资本分配方式和合规要求。这些手段提高了在位银行的成本，同时为新一代银行的出现创造了条件。它们以其粗暴无礼的"不当行为"破坏了金融服务价值链。如果这还不够，消费者行为的变化意味着传统银行难以继续依靠客户忠诚度维持自身。这种侵蚀从根本上破坏了许多银行赖以生存的细目清单模式，也就是以一个储蓄或活期存款账户为核心提供一系列有自有品牌标识的产品和服务。当您的竞争对手能以更低的成本提供同样的服务，而且在价值链的每一个环节都能更加顺畅地为客户提供更好的服务时，这种模式还怎么行得通呢？

全能银行模式分崩离析

随着毛利率下降到约200"bips"（基点），持有资产的质量不断下降，资本需求越来越高，曾经辉煌一时的银行现在已经逐渐走到了尽头，成为不可持续的历史遗迹……市场清楚地知道这一点。

因此，虽然从1986年到2007年欧洲银行的股价表现与整体市场一致，但它们从未真正从2008年金融危机的阴影中复苏。事实上，它们的市场表现明显不佳。与金融危机前的巅峰相比，富时泛欧绩优股300指数（FSTE Eurofirst 300）中的欧洲银行市值已经损失了近2/3。

观察净资产收益率（ROE），我们可以知道到底发生了什么。不同于大多数公司使用的每股收益（EPS）标准，净资产收益率是银行业投资者评估市场价值和增长的首选指标。虽然欧洲股市的整体上涨速度甚至高于金融危机之前，从图2-1中可以看出，欧洲银行的ROE一直顽强地保持在5%~10%的平均水平，自2018年第一季度以来只有一次超过11%（资料来源：欧洲银行业联合会）。

当银行的资金成本在12%左右时，如此低的利润率水平，是不可持续的。2009年，由20个顶级经济体的银行业主管部门联合发布的《巴塞尔协议Ⅲ》，更为银行增添了一个令人沮丧的因素。除此之外，这项监管法令要求银行提高必须持有的最

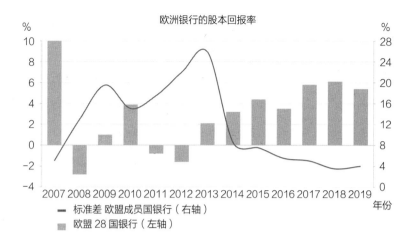

图 2-1 欧洲银行的股本回报率仍然顽强地处于低位

低资本额。

　　事实证明，美国银行的抗风险能力稍强，并通过有机的业务增长和并购活动加快了扩张速度，而欧洲银行并没有复制这种模式。因此，美国银行的平均净资产收益率是欧盟金融机构报告值的2倍，尽管包括美国银行、花旗银行和富国银行在内的许多大型银行的投资回报率都低于行业平均水平。

危机虽过，但诸事不顺

　　随着以欧洲为代表的发达经济体已经连续多年增长呈低迷状态，几乎没有通货膨胀，甚至出现通货紧缩，许多银行无法获得曾经的利润，未来的前景尚不明朗。

传统上，银行通过收取产品和服务的费用赚取利润。然而，现在的消费者已习惯于接受越来越多的免费服务，不愿被收取他们认为不应该支付的费用。同样枯竭的还有银行的第二个主要收入来源：净利息收入，即银行为账户余额支付的利息与他们通过发放贷款收取的利息之间的差额。由于低利率经济现在似乎是常态，这一项也没有了创造利润的空间。

举例来说，2009年时欧元区和美国的这一利差为四个百分点，而现在，美国只有一个百分点，欧洲则是两个百分点。这种情况很可能会继续，就像当年的日本自20世纪90年代以来一直实行低利率经济。

到2021年年初，世界经济仍然相当脆弱。五个主要经济体面临衰退风险，各国之间长期酝酿的贸易战并没有出现缓和的迹象。而在这一切之上，还有这场全球性的新冠疫情，截至本书写作时还远未结束。

在第二次世界大战之后，世界各地的生产在2020年首次出现收缩，创造了自20世纪40年代以来最大的赤字和政府债务规模。仅在2020年3月，全球股市就损失了约26万亿美元的市值。

当然，此类危机并非首次出现。上一次危机出现时，同样估值暴涨，市场指数像溜溜球一样上下波动。

但是，这使得本次金融危机比2008年更加严重。债券市场已经有所感知，并持续发出警告信号，30年期美国国债的收益率首次跌破2%。

面对如此黯淡的前景，除非银行愿意接受其业务的持续萎缩，或者认为随着时间的推移会恢复到某种正常状态，否则他们别无选择，只能改变业务模式。

幸运的是，各国政府和国际货币基金组织（IMF）以及欧洲、美国央行等全球机构确实从2008年的全球金融危机中吸取了一些教训。为了安抚日益紧张的金融市场，各国央行通过降息以及通过资产购买、外汇互换额度以及信贷和流动性管理等方式完成6万多亿美元的资产负债表扩表，极大地缓解了紧张状态。例如，欧洲央行（ECB）就向欧元区成员国购买了超过1200亿欧元的额外资产。

如此，我们得以避免陷入另一场全球金融危机的恐慌。珍贵的信贷——没有它，绝大部分世界经济将像以前那样停滞不前——得以继续流动。

不可避免的是，这一措施带来的结果是世界债务负担的急剧膨胀。新兴市场的债务负担是2010年的2倍，达到72万亿美元，主要由于20万亿美元的公司债务上升。与此同时，2019年，中国的债务已经接近GDP的310%，这是一个天文数字。

2019年年底成熟经济体的债务总额为180万亿美元，占这些国家GDP总和的383%。2020年7月，欧盟领导人批准设立一项总额为7500亿欧元的恢复基金以保证欧盟项目的存续，这表明他们并不羞于进一步增加这一负担。

美国过去四年的贸易保护主义措施，即使得到了现任总统的修正，仍有可能继续拖累全球经济增长。尤其是当许多地区的利率可能在未来几年内保持在历史低位，存款甚至可能出现负利率时，情况更是如此。

即使没有数字颠覆者的存在，此类事件也可能对传统银行业产生深层次的结构性影响，传统银行业至今仍未找到恢复到2008年后可持续盈利水平的出路。

因此，面对着未卜的前途，很明显，传统银行需要尽快找到新的摇钱树。否则，银行将没有足够的资金完成重塑……而重塑刻不容缓。

失去市场的宠爱

尽管一些业绩表现更好的银行已经设法减缓其利润率的下降，但它们仍然不能实现资本市场所期望的净资产收益率，这也解释了为什么资本市场仍然不相信传统银行模式的长期生存能力。而且，那些继续艰难度日的银行可能越来越会受到来自资本市场的惩罚。

当前，欧洲银行的交易价格已经低于有形账面净值，使它们越来越难以筹集到所需的资金帮助它们完成急需的转型。当市场认为一家银行明天的价值低于今天时，这家银行就出现了一个大问题：它无法在不严重影响自己市值的情况下筹集相应资金。

而且，正在逐渐远离银行的不仅仅是机构。举例来说，中产阶级投资者正在购买更为丰富的产品，如股票指数基金、交易型开放式指数基金（ETF）或固定收入年金等。投资者认为这些产品的收益更大，但它们给银行带来的利润更低。同时，资产更丰厚的投资者仍然偏爱另类资产或股票，而这些是非银行金融机构的天然优势所在。

更糟糕的是，颠覆者们正在瞄准传统银行在价格、客户体验或可扩展性等关键因素上无法匹敌的产品，准备进入这些市场展开竞争。

目前，银行的绝大部分利润来自20%的客户，20%的利润来自另20%~40%的客户，而40%~60%的零售业务客户不产生任何利润。这种利润的明显差距使这20%的客户成为一种脆弱而有风险的资产，因为他们也是那些颠覆者们狩猎的对象。如果没有他们的利润贡献来平衡大多数客户的亏损，传统机构将在许多细分市场面临高额的遗留成本和收益下降问题。

不良贷款浪潮即将席卷而来

银行没有任何机会筹集用于加速任何形式的业务转型、扩大规模，或是建立抵御新冠疫情可能带来的不良贷款潮的必要额外储备所需的短期资金，陷入瘫痪并非没有可能，零售和企业部门的年度利润贡献甚至可能消耗一空，就像苏格兰皇家银行（Royal Bank of Scotland，RBS）的情况一样，不良贷款的准备金使该机构的年度赢利能力完全丧失。

这对那些尚未完全从2008年金融危机造成的大量不良资产遗留中恢复的南欧银行来说，将是一个尤其严重的问题。

这些不良贷款会吞噬银行的资本储备，意味着它们无法维持足够的核心一级资本（CET1）。据估计，欧盟和英国约30%的银行可能处在这个状态。

由于封锁的延长、消费者需求的低迷、供应链的中断以及全球贸易的急剧收缩，企业倒闭和破产保护的浪潮只会加剧当前的情况。已经宣布破产的知名公司包括托迈酷客（Thomas Cook）、太阳马戏团（Cirque du Soleil）、赫兹租车（Hertz）、优势租车（Advantage）、切萨皮克（Chesapeake）、杰西潘尼（JCPenney）、尼曼百货（Neiman Marcus）、布鲁克斯兄弟（Brooks Brothers）、J.克鲁（J.Crew）和维珍大西洋航空（Virgin Atlantic Airways）等。

随着越来越多的公司为了追求短期生存而过度杠杆化，造成债务堆积，其他的多米诺骨牌也将被推倒，太过脆弱的公司将从各个行业的供应链中被挤出。

据分析师预测，2020—2021年，全世界范围内的银行信贷损失将近2.1万亿美元，欧洲央行预计欧洲银行将遭受总计超过4000亿欧元的信贷损失。

如果欧元区的不良贷款率真的上升到惊人的20%左右，那么为了处理堆积如山的不良资产，可能需要建立一家类似2011年为解决次贷问题而设立的"坏账托收银行"，以便在某种程度上稳定局势。

信贷损失、不良贷款以及收费和利息减少等因素导致的银行收入降低，以及与之相关的叠加效应，无疑将耗尽银行的收益、清空资产负债表，导致资本比率下滑，进一步降低它们的市价。在生存线上苦苦挣扎的银行净资产收益率可能持续保持在5%左右的低位，远远低于其资金成本。

虽然新冠疫情对商业和经济的影响只会加剧银行家的困境，但这一点还不是即将到来的各家银行破产的根本原因，它的作用主要在于把已经存在的、深层的问题暴露了出来。

遵守规则

银行一方面需要遵守规则，另一方面也需要面对不断增加的实现监管合规的成本，以及未能实现的后果。银行已经发现，越来越难以在履行合规义务方面保持合法性。因此，自2008年危机以来，银行已经支付了总计1000亿美元的罚款作为未能保证合规的代价，而许多犯错者都是大公司。下面简单列举了多年来曝光的几个案例：

● 2019年，因为串谋外汇交易，欧盟监管机构对花旗集团、摩根大通、苏格兰皇家银行、巴克莱银行和三菱日联金融集团实施了12亿美元的制裁。

- 瑞士信贷银行（Credit Suisse）承认其在2014年帮助美国客户避税，并因此被罚款26亿美元。

- 2012年，摩根大通因未经核实而签署和公证文件被罚款52.9亿美元。

- 富国银行等五家银行屡次违反全国抵押贷款和解协议（National Mortgage Settlement），富国银行因此被罚款53.5亿美元。

- 2016年12月，瑞士信贷银行接受为其错误行为支付约53亿美元。

- 2016年，德意志银行同意为出售高风险住宅抵押担保证券支付72亿美元。

- 法国最大的银行法国巴黎银行承认两项罪名，包括违反美国的制裁，为伊朗、苏丹和古巴的客户处理了成千上万的交易，为此支付了89.7亿美元的和解金。

- 作为2012年全国抵押贷款和解协议的一部分，美国银行为其次级抵押贷款的销售支付了118亿美元。

- 在2013年10月与美国司法部达成的另一项交易中，摩根大通在其中支付了130亿美元以解决各种诉讼和调查，这些诉讼主要与向投资者不当出售高风险抵押贷款债务有关。

- 2014年，美国银行同意支付创纪录的166.5亿美元，以解决关于它误导投资者购买次级抵押贷款支持证券的指控。

体量并非一切

满足日益增强的合规义务的需要正在导致市场整合，因为银行试图通过并购增强自身实力，避免被挤出市场。

因此，回顾一下2018年的情况，可以看到欧盟总计有5581家银行，这个数字相比2008年减少了30%，其中一半以上的减少出现在四个成员国（德国、波兰、奥地利和意大利）。类似的情况同样发生在美国，美国联邦存款保险公司（FDIC）投保的银行数量减少了一半，从2000年的8315家减少到20年后的4519家左右。亚洲也是如此，随着颠覆者出现并占领市场，银行的数量正在迅速萎缩，迫使现在的参与者进行整合。

矛盾的是，那些寻求更大规模带来的经济效益的企业，实际上会发现自己没有那么敏捷或灵敏，更容易受到来自轻资产的竞争对手的威胁。后者的价值主张正在重塑市场，吸走困于传统业务的银行的份额和利润。

虽然您可能会质疑这些新的数字化竞争者的可持续性，但对许多传统银行而言，由于没有武器对抗竞争对手激进的定价策略，抵御它们似乎是一个不可能完成的任务。举例来说，高成本的传统银行如何能够战胜那些以免费的方式提供相应服务的竞争者？传统金融机构的唯一解法是在现有的收入池枯竭之前学会如何在这些新收入池中获取收入。

对于新的市场参与者来说，世界更加美好。虽然银行可能不是投资者眼中的香饽饽，但银行的新兴竞争对手一定如此。他们的数字化、可扩展的商业模式帮助他们获得市场优势，而且不受带来巨大合规成本的监管和监督的限制。此外，这些新势力不需要付出高额劳动力和资金成本用来维护和升级早已过时的技术，也不需要在出现任何变化时无休止地对其分析解读。

正因如此，金融科技公司的股价可以远超银行，接近或不低于主要科技公司的水平。

虽然部分欧洲银行正在继续处置非核心资产，促成全球资产下降的趋势，但非银行机构的增长仍在继续。在全球范围内，2019年，非银行金融机构（NBFI）部门的市值增长了8.9%，达到200.2万亿美元，占比略低于一半（49.5%）。这些实体现在占全球银行业利润的60%左右。

只要观察一下电子商务巨头的金融部门，传统银行面临的挑战的严重性就可见一斑了。通过技术手段，数字金融部门可以实现每秒处理12万个订单，在3分钟内完成贷款审批！这个例子极好地说明了数字金融的巨大潜力。

但是，这个故事是否让您觉得如鲠在喉？许多金融科技公司不断增加的倍数和高估值是来源于其基础商业模式的赢利能力，还是来源于由低利率和货币市场大量资本外流造成的资本过剩？

无论是何种原因，目前人们对科技股的热情将在某些时候转化为不可避免的市场整合，在过度拥挤的生存空间里将会出现一场血腥"内卷"。继互联网泡沫破灭之后，这一残酷竞争将很可能大规模摧毁股东价值，新兴甚至发展更快的巨头也可能从这场混乱中诞生。他们将使过去的传统银行相形见绌，再也难以追赶上来。那么，陷入困境的传统银行将何去何从？

在某些领域，大型银行可以凭借他们的市场力量和市场地位在谈判桌上保有一席之地，尽管他们可能无法在不对价值进行不可逆转的破坏，或否定原有商业模式的情况下实现。最近的经验表明，这两种结果都有可能出现。

银行业路在何方？

面对电子商务的快速发展、管制放松和新兴竞争者的出现，银行业将何去何从？

如果像许多人认为的那样，金融科技公司将变得更加"面向客户"，从而进一步模糊银行的意义，那么你作为银行将如何在市场上有效地体现自己的差异性？如果人们不需要银行，那么银行如何维持其意义？新的市场平衡点将出现在哪里？最后的竞争残局将会怎样？

你是否应该尝试和控制衰退的局面？追求利润？通过外包和技术削减成本？或者，将自己转型成为一家数字银行？如果你想成为未来金融服务领域的竞争者，你应该怎么做？

本书的目的就是探讨这样的问题。

此时此刻，作为银行，或是作为想要变成银行的金融科技公司，哪个才是更有利的出发点？银行转型成金融科技公司，或是反过来，金融科技公司转型成为银行，哪个更加难以实现？当然，拥有金融牌照将会允许金融科技公司为未来的长期运营打下基础，从通常由传统银行发放的贷款中获取净利息收益。虽然这一点在理论上有意义，但是只有Stripe等少数金融科技公司已经做好扩大规模的准备，或是拥有足够的资金完成这项耗资巨大的任务。

那么，我们认为传统银行还有多长时间才能完成重组？

直到不久前，我们还认为可能有十年时间。但是，毫无疑问，新冠疫情极大地压缩了时间线。我们都见证了2020—2021年这两年间消费者如何以戏剧性的方式转向网上购物，这一趋势现在已经蔓延到了金融服务领域。尽管挑战者银行可能只占美国活期存款账户的一小部分，但是在新冠疫情最为严重的时候，几乎60%的美国人都下载了应用程序管理自己的财务。

现在我们可能会说，传统银行只剩3~5年的时间来完成转型……如果他们还有机会的话。

第三章

消失的银行

我认为《格拉斯-斯蒂格尔法案》及其废除的教训表明，普遍的银行模式本质上是不稳定、不可行的。这一点，无论怎样的结构重组、管理变革或监管都不可能改变。

——花旗集团前董事长兼首席执行官

约翰·里德（John Reed）

2008年金融危机发生前的30年里，世界金融网络的联系变得愈加紧密。这一变化主要来源于监管的融合、世界贸易组织规则的采用和欧元等货币联盟的建立。所有这些要素共同推动了跨境资本流动的激增，从而不可避免地导致了单一全球市场的出现。

1998年，刚刚成立的花旗集团的联合主席桑德福·威尔（Sandford Weill）宣布集团的成立预示着一个银行业新时代的到来。在这个时代，大型机构将成为全世界的金融超市。他信心满满地表示，大型机构如此多样化的活动使得它们能够抵御任何、哪怕是最糟糕的经济衰退。当时，抱有这种观点的并非只有他一人。

大型金融机构，例如苏格兰皇家银行、德意志银行、法国巴黎银行、巴克莱银行、汇丰银行、法国农业信贷银行、瑞银

集团、美国银行、法国兴业银行和摩根大通等，都在这轮全球
资本增长的浪潮中积极发展国际业务。

正如我们所知，2008年的金融危机给这个梦想画上了句
号。根据麦肯锡全球研究所（McKinsey Global Institute）的数
据，跨国转账总额从1980年的5000亿美元一路上升，到2007年
到达12.4万亿美元高位，之后在2009年暴跌超过80%。

银行在重新评估海外业务的相关风险后，决定卸下它们在
繁荣时期获取的海外资产给他们带来的沉重包袱，并在较为熟
悉、规模更大、离本国较近的市场寻求安慰，由此导致这一下
降趋势的持续。

这场从发达国家和新兴市场的撤离仍在持续。世界上许多
规模最大的银行放弃了在20世纪90年代和21世纪取得的成绩，
专注于他们主要位于美国和欧洲的国内市场。例如，花旗银行
在2014年宣布退出包括埃及、捷克共和国和日本在内的11个市
场。此前，花旗银行已经退出了巴基斯坦、乌拉圭和西班牙的
消费市场。花旗银行的全球业务未来将仅覆盖24个国家，仅为
两年前的一半。其他银行也同样削减了其全球业务。例如，自
2011年以来，汇丰银行已经退出了20多个市场，开展业务的国
家数量从当年的85个下降到了现在的64个。

2015年，德意志银行宣布关闭在阿根廷、智利、墨西哥、马
耳他和新西兰等10个国家的业务，裁撤了9000个全职工作岗位。

在欧洲大陆，巴克莱银行先出售了其在西班牙、意大利

和葡萄牙的零售银行网络，之后又出售了亚洲地区、巴西、俄罗斯和非洲地区业务。此外，巴克莱银行撤离埃及，结束了自1864年以来只是偶尔中断的关系。

到2016年，虽然国际资金流动仍比2007年的高点低2/3左右，但下降的趋势有所扭转。

为什么撤离国际市场？

当被问及为什么缩减国际业务时，跨国银行往往会给出一连串解释。某些银行称他们需要提高赢利能力，另一些则称他们希望实现更有效的资本分配，增强收入的稳定性，或者避免动荡的政治环境。

然而，不论他们声称的原因如何，绝大部分回应都会提到这个关键词——"加强监管"。

西班牙对外银行（BBVA）2016年的一项研究发现，监管压力是美国、加拿大、英国、瑞典、德国、奥地利、荷兰、法国、意大利、西班牙和中国的银行撤离某些国家或业务线的关键驱动因素。

面对愈加严格的资本和流动性要求，批发和投资银行业务与零售银行业务的分离以及特定国家实施银行改革的速度，这些因素叠加起来足以让银行关闭海外业务。

新的报告标准和世界主要监管机构对洗钱和其他非法活

动采取的更强硬的态度，现已成为世界各地执法机构的主要关切，也使银行压力大增。因此，在全球范围内开展业务的银行已经发现，他们很难不受到联合国毒品和犯罪问题办公室估计的每年约20万亿美元"脏钱"的污染。

不可避免的是，伴随着正在发生的一切，全球银行已经卷入了各种丑闻，支付了数十亿美元的罚款。美国司法部的"猎鹰"在头顶盘旋，警告银行不要与可能没有充分审查的外国企业开展业务，银行股东很容易感到不安。

所有这些都意味着，曾经被视为大型银行集团最基本优势的全球影响力，现在已经越来越成为累赘。

谁在填补这些空白？

随着全球银行退出某些市场，其他银行也加紧了脚步。在不包括日本的亚洲市场，我们看到美国国内和跨境贷款总额从2008年的7.8万亿美元上升到2018年的17.6万亿美元，原因是来自中国台湾地区、印度、韩国、日本和澳大利亚的银行，以及新加坡和马来西亚等规模更小的市场的贷款人，均增强了他们的区域业务。

然而，真正起到带头作用的是中国的金融机构，例如中国工商银行。中国工商银行是世界上资产规模最大的银行之一，也是较早进入亚洲市场的银行。中国的金融机构获得如此地位的原因，一部分是他们愿意比西方同行承担更高的信贷风险。其中一种高风险的业务就是向私募股权公司提供贷款，贷款额度高达利息、税收、折旧和摊销前收益（EBITDA）的8倍。相应地，大多数美国和欧洲银行采用的是4倍收益计算法。通过提供如此优惠的条件，中国的银行能够在10年内以17%的复合年增长率扩大其贷款组合规模。

拉美国家的情况也大致相同。虽然一些拥有强大的区域特许经营权的大型银行，如桑坦德银行（Santander）和BBVA等，依然在这一地区经营，但其他许多跨国公司——包括汇丰银行、花旗集团和瑞士信贷银行等——已经出售或缩减了业务。这一空白再次由区域性机构填补。

2020年，拉美地区资产规模最大的10家银行中有5家总部设在巴西。这10家包括国有的巴西银行（Banco do Brazil）和私人贷款机构伊塔乌联合银行（Itaú Unibanco）[①]。伊塔乌联合银行有望成为一家真正的泛拉美金融机构，业务覆盖范围不仅包括智利、哥伦比亚、巴拉圭和乌拉圭等拉美国家市场，而且也包括英国、西班牙、法国和美国等更发达的市场。

---

① 伊塔乌联合银行是伊塔乌投资控股旗下总部位于巴西圣保罗的上市银行，于2008年11月4日由伊塔乌银行和巴西联合银行合并而成。伊塔乌联合银行是巴西规模最大的银行，也是拉丁美洲和南半球最大的银行，世界排名第七十一位，其资产规模已超过巴西国内的巴西银行。——译者注

所以，大未必好

自2007年年中的次贷危机开始以来，世界各地的银行和保险公司已经报告了约1.1万亿美元的损失。17家大型全能银行的损失占了其中一半以上，其中9家已经倒闭或国有化，或不得不接受政府输血支持。因此，为了避免全球金融市场的崩溃，美国、英国和欧洲的央行和政府不得不注资9万亿美元。

这些银行一般是大型复杂金融机构（LCFI），通过合并、联合或兼并等方式在国际金融服务领域占据主导地位。颇具讽刺意味的是，它们正是那些曾经被认为"大而不能倒"的银行。

所以，大未必好，单纯的较大规模并不能帮助机构抵抗金融不稳定性。如果观察世界最安全银行排行榜，你就会发现，排名最靠前的不是货币中心银行，而是中等规模的区域性银行。世界最安全银行（前25名）见表3-1。

表3-1 世界最安全银行（前25名）

排名	银行名称	国家
1	复兴信贷银行（KfW）	德国
2	苏黎世州银行（Zuercher Kantonalbank）	瑞士
3	荷兰公共银行（Bank Nederlandse Gemeenten）	荷兰
4	土地储备银行（Landwirtschaftliche Rentenbank）	德国
5	荷兰水务银行（Nederlandse Waterschapsbank）	荷兰
6	巴登－符腾堡州银行（Landesbank Baden-Wurttemberg）	德国
7	挪威地方银行（Kommunalbanken）	挪威

排名	银行名称	国家
8	北莱因 - 威斯特伐利亚银行（NRW.BANK）	德国
9	瑞典出口信贷公司（Swedish Export Credit Corporation）	瑞典
10	法国存托银行（Caisse des Depots et Consignations）	法国
11	加拿大皇家银行（Royal Bank of Canada）	加拿大
12	多伦多道明银行（The Toronto-Dominion Bank）	加拿大
13	德国中央合作银行（DZ BANK）	德国
14	星展银行（DBS Bank）	新加坡
15	华侨银行股份有限公司（Oversea-Chinese Banking Corporation）	新加坡
16	瑞典商业银行（Svenska Handelsbanken）	瑞典
17	大华银行（United Overseas Bank）	新加坡
18	韩国产业银行（Korea Development Bank）	韩国
19	韩国进出口银行（The Export-Import Bank of Korea）	韩国
20	卢森堡国家储蓄银行（Banque et Caisse d'Epargne de l'Etat）	卢森堡
21	沃州银行（Banque Cantonale Vaudoise）	瑞士
22	韩国中小企业银行（Industrial Bank of Korea）	韩国
23	德国药剂师和医生银行（Deutsche Apotheker-und Aerztebank，apoBank）	德国
24	挪威银行（DNB Bank）	挪威
25	法国地方金融公司（Société de Financement Local，SFIL）	法国

新时代即将来临

虽然银行业肯定有许多问题亟待解决，但如果说我们正在见证银行业走向终结，那就太过草率了。长期以来，银行一直是社会的一部分，人们对储蓄、借贷和转账的长期需求将确保银行不会快速、大规模地消失。

然而，非常明显的是，金融服务部门中部分机构的健康状况并不理想，缺乏足够的免疫系统应对长期的经济放缓以及低利率甚至是负利率环境。持续的压力将不可避免地导致银行业的赢家和输家之间出现尖锐和不可逆转的分化，其中最大的输家将是那些万能的"花里胡哨"①的银行。它们长期以来一直是银行业的中流砥柱，除了每十年左右偶尔出现的一波并购潮之外，很少有其他大规模变化。

极尽同质化的市场就像是侏罗纪公园，不同银行之间看起来并没有很大的区别。因此，就像快餐品牌的加盟店一样，每家银行都在通过品牌分销渠道漫无目的地销售各类标准化的产品。

但是，当你的顾客想品尝炸鱼薯条、泰式绿咖喱、拉面或者寿司时，你的牛肉饼和口味不再能满足顾客的需求，又将怎样呢？顾客会离开去往别处，寻找能给他们提供新奇体验的商家。这就是我们将在下一章中详细讨论的金融科技公司到来时的情况。

目前来看，他们为市场带来了更快、更便宜、更方便的做事方式。他们不是在销售普通的银行产品，而是为人们面对的

---

① 铃铛和哨子（bells and whistles），指华而不实的点缀或装饰，此处指开展过多无用业务。——译者注

问题提供量身定做的解决方案。这就按下了正确的按钮，消费者一下子变成了糖果店里的孩子，可以对供应商进行分类，直到找到想要的东西为止。

这就让传统银行陷入了困境——每次客户购买他人的服务，就会削弱银行长期以来努力建立的品牌忠诚度，开始削弱消费者心中关于银行和他们的资金之间的心理联系。这对依靠其客户固有的"黏性"来维持长期客户关系的传统银行来说，无异于一记沉重的打击。

客户不再青睐银行，这也给金融科技公司以及如亚马逊等其他颠覆者打开了大门。亚马逊已经开展了虚拟账户业务。举例来说，您可以使用"亚马逊现金"（Amazon Cash）业务将亚马逊账户中的余额转到一张虚拟的银行卡上，然后用它购买实体零售商的产品，而不需要持有实体支付卡。

消费者越来越喜欢在超市使用亚马逊和沃尔玛提供的金融服务，或者像苹果支付（Apple Pay）这样的手机应用。这种倾向极大地削弱了消费者心中日常金融交易和传统银行之间的心理联系。消费者认为自己到底是通过哪一方完成购买行为？苹果公司，还是你的银行？

消费者增强对存款的掌控，认为自己并不是在简单地购买金融产品，而是将其作为一种增强自身实力的手段——这些变化都是所谓"自主金融"（autonomous finance）的一部分。未来，我们可能会看到消费者越来越多地使用手机应用管理他们的个人资产来达成他们的账务目标，而他们的现实参与却很少。

当然，银行业关注的问题就是如何赢得用户的信任、吸引用户的存款，这也是为什么银行一直以来都在不遗余力地表现出稳定性和可靠性。虽然现在仍有2/3的"Z世代"表示他们最信任首选的金融机构（银行），但是明天的客户可能就不再相信这种说法了。

然而，情况真的如此吗？甲骨文公司（Oracle）最近的一项调查表明，年轻的银行客户在财务方面相比其他人群更为焦虑和挑剔。由于"Z世代"在上一轮金融危机中长大，他们在理财上显得更加保守。值得注意的是，56%的"Z世代"曾经与他们的父母讨论过储蓄问题，而这对于婴儿潮一代来说完全难以想象。

此外，另一项研究显示"Z世代"（10~25岁的群体）强烈希望能够理解并管理自己的财产，许多人也正在通过在油管（YouTube）或照片墙（Instagram）上发声来实现这一点。这其实为老牌银行创造了一个极好的机会，让他们能够传递传统的长期价值观。

因此，传统银行需要考虑如何才能为这批新客户提供最佳服务，而不是要求他们翻阅文件，或是在富丽堂皇的银行网点与理财顾问面对面交谈开户。亚马逊如何拆解银行业务如图3-1所示。

亚马逊店铺卡
亚马逊 Prime VISA 联名卡
亚马逊信用构建者店铺卡
亚马逊保险
亚马逊支付
企业 Prime
Payamazon
亚马逊企业循环信用额度
亚马逊 Cash 借记卡（墨西哥）
亚马逊零钱包
亚马逊现金（印度）
亚马逊 Go
亚马逊支付码
亚马逊 Reload 数字借记卡
亚马逊借贷
亚马逊 Recargable 借记卡（墨西哥）

图 3-1　亚马逊如何拆解银行业务

亚马逊的生态系统包括超过3.1亿个活跃客户、1亿个Prime用户、500万个卖家和12个市场（美国、英国、德国、法国、加拿大、日本、印度、意大利、西班牙、墨西哥、巴西和中国）。此外，亚马逊还将在两个市场，即澳大利亚和新加坡，开展业务。正如图3-1所示，得益于如此规模宏大的生态系统，亚马逊已经非常擅长拆解传统的银行业务。

沃尔玛是另一家为一般不属于传统银行客户的用户提供金融服务的大型企业。实际上，沃尔玛店内的货币中心提供信用卡、预付借记卡（据说自2017年以来为客户总计节省超过20亿美元）服务，并通过免费的Affirm服务提供即时融资（point-of-sale financing），使其成为一家"准银行"。所有这些都有助于沃尔玛增加店内客流量。同时，东南亚的Lazada电商平台等其他企业也开始采用这种模式。

颠覆，并不新鲜

我们今天看到的银行业的发展似乎前所未见，但它们实际上只是在重复昨日的故事。

1982年，马里兰国家银行（Maryland National Bank）有远见地预测到了这种市场变化，在成立MBNA集团时大胆地遵循了他们的直觉，专注于支票清算服务，最终成为美国的一家主导力量。之后，MBNA在银行卡发行方面重复了这一做法，最终成为世界上最大的独立信用卡发行商，以各品牌联名卡为特色。先锋（Vanguard）、富达（Fidelity）以及嘉信（Schwab）和德美利证券（TD Ameritrade）等颠覆性经纪公司在资产管理方面也做了类似的事情。

过去，欧洲的虚拟银行和信用卡曾经也出现了迅速扩张。1991年，荷兰国际集团（ING）创建了ING直销（ING Direct），而米特兰银行（Midland Bank，后被汇丰银行收购）成立了第一直销银行（First Direct）。7年后，保诚保险（Prudential Insurance）在英国推出了Egg卡，之后在2002年开始在法国开展业务，成为第一个跨国颠覆者。Egg卡的未结清余额和余额转结不收取任何利息，率先引入了例如Egg Money Manager（一种一站式管理工具）和Egg Pay（允许用户向电子邮件地址付款，并在外部金融账户之间转账）等创新功能。

Egg在业务最高峰时期拥有超过400万名客户，但由于母公司的资本和资金限制，该公司最终只能关门歇业。这一业务于2007年1月出售给花旗集团，信用卡业务随后于2011年7月卖给巴克莱银行。

Egg的命运是否预示着新支付公司和数字非银行金融机构的未来？它们是否也会在短时间内大放异彩，然后泯然众人？又或者，这些颠覆者能否实现赢利、稳定发展，从而在竞争中幸存得更久？传统银行家们一直在问自己这些问题，而且得出的结论可能截然不同。

当然这并不意味着所有试图进入金融服务领域的颠覆者都会一帆风顺。例如，尽管脸书平台拥有数十亿用户，但当其雄心勃勃地试图推动自己的Libra加密货币业务时却未能获得动能。即使是科技巨头也不能保证成功，特别是将监管因素纳入考量时。

是敌是友？ 监管难题

矛盾的是，市场监管往往为银行提供了亟须的保护。甚至，在银行哭诉监管条条框框太多的时候，它们正躲在以法律许可、资本要求、监管合规和安全所构建的铜墙铁壁之后，外来者几乎无法进入。

当然，2008年金融危机向我们证明了这一点。当时，由于银行缺乏流动性，全世界的金融服务事实上陷入停摆状态，监管机构为避免出现更大的危机，导致"过度竞争"危及资产负债表。

然而，2008年后政府对认为是"大而不能倒"的银行的救助，恰恰为成为资本市场宠儿的新玩家的入场提供了条件（见表3-2）。

表3-2　银行业的发展趋势

银行业的具体情况		银行业改革的障碍	银行业垄断正在消失
客户	人际关系	与个人顾问的密切关系导致转换的心理障碍	产品销售越来越多地在网上进行，人际互动的机会越来越少
	信任和安全需求	银行被认为是安全、最值得信赖的金融事务合作伙伴	对非银行金融服务供应商的信任度稳步上升，安全性的区别程度已经减弱
产品 / 银行	客户捆绑	银行产品的较长期限抑制新趋势的影响	现有产品即将到期，新客户可能转向颠覆者
	产品复杂性	需要特定专业知识和个人建议的复杂产品	模块化产品提升了自动化水平，减少了对个人咨询的需求
	文化惯性	传统和延续性被视为自我形象和品牌的基石	注重以客户为中心和创新的领先品牌
行业	规模经济 / 技术	对（有形）基础设施的大量投资是进入的障碍	虚拟化和互联网使得基于多功能基础设施的快速扩展成为可能
	监管限制	严格监管提高了对新进入者和新商业模式的门槛	监管越来越旨在促进竞争，也包括非银行的竞争

正如表3-2所示，那些一度减缓对现有商业模式的打破的监管要求和障碍正在迅速消失。以英国为首的欧洲各国正在迅速推进放松监管，特别是在支付领域。支付市场已经向非银行金融机构开放了一段时间，意味着银行客户与生俱来的用户黏性不能再被视为理所当然。

合规的高成本

部分银行业人士质疑监管机构的动机。他们是否在尝试破坏传统银行的地位，让金融科技公司进入这一市场？或者，正如监管机构所说的，他们正在推动这些企业更具颠覆性，创造一个更具竞争力的金融市场，其中充满了有利于消费者的创新产品？

当然，许多监管机构一直在推动提高银行系统的效率，希望银行的收入组合能够纳入更多的费用种类。但是，因为他们不想掀起一场革命，往往如履薄冰。与之相反，他们的目标是管理一场市场变革——既要确保传统银行的财务弹性，同时又要为全新的、颠覆性的商业模式打开大门。

对此，传统银行当然有想法，这就是为什么他们一直声势浩大地谴责任何进一步的监管收紧对他们来说并不公平。他们认为这些监管措施将使他们在与数字颠覆者的竞争中处于明显劣势。全能银行的合规成本尤其突出，原因是因为业务种类和地域较广，他们必须遵守多地的各项法律法规。

相比金融危机前的支出水平，零售和批发银行与合规相关的运营成本已经增加了60%以上。总的来说，现在银行每年的合规成本为2700亿美元，相当于每位员工的平均合规成本约为10000美元。大多数银行都会投入10%或更多的运营成本和超过7%的非利息收入和营业费用来确保监管合规。一些人士认为，考虑到自全球金融危机以来合规的复杂性正在急剧增加（监管更新速度加快了500%），不久之后这些数字还可能会翻倍。

这种日益增加的合规成本显然推高了银行的经营成本，使得获客更加困难。相反，金融科技公司的系统更为有效，产品更少，它们不会面临与银行同样的问题。

金融科技公司是否会被监管重拳出击？

展望未来，银行将需要制定战略在保持合规的同时削减这些成本。如果对颠覆者实施更严格的监管，他们可能也会一样陷入困境。由于新入者往往缺乏银行已有的合规流程，严格的监管可能对他们的影响更大。

监管将是最困扰颠覆者的问题。新成立的金融科技公司的可行性和可持续性的基础，在很大程度上是基于他们不会像银行那样承担监管成本的假设。归根结底，正是这种信念继续决定了投资者对金融科技公司的喜好。

那么，接下来可能会发生什么呢？监管当局确实想鼓励竞争和创新，这对金融科技公司来说是个好机会。但是，银行和这些初创企业越是暗通款曲，监管机构就越是会质疑他们的活动，可能会导致范围更广的监督和更强有力的审查。

如果监管机构希望对金融科技公司进行更多的实时监控而非事后监控——开始要求进行持续压力测试、资产质量审查或提交详细报表——则可能会给颠覆者带来麻烦。毕竟，金融科技公司的那些主要基于快速、无障碍流程的业务不一定符合各种反洗钱（AML）规则。一旦背上不合规的恶名，金融科技公司则更难获得资金或足够数量的客户。

当然，这种情况如果发生在一位潜在的长期竞争对手身上，银行是喜闻乐见的。许多银行已经认为金融科技公司规模小、具有内在风险，并不乐于给予支持。因此，一些银行正在关闭金融科技公司的收款账户，使之难以获得运营所必需的主流金融服务。

金融科技公司虽然不喜欢强加于它们的法规，但它们确实拥有比银行更强的技术实力以及更多的人力和专业资源，使之更容易满足合规要求。例如，他们能更好地实现对"了解你的客户"（KYC）行为准则、反洗钱、交易监测、对账和其他领域的自动化监控。只要监管机构对这些工具的功用感到满意，这些解决方案就可以安抚它们的情绪；但是如果它们对提出的技术解决方案不满意，则可能导致金融科技公司的成本增加。

谁才是金融警察？

世界上许多国家都在围绕着管辖范围内的金融机构的行为准则和操作规程制定自己的具体法律法规，并由各类监管机构负责监督实施，如下所示：

● 美国消费者金融权益保护局（CFPB）在分析和数字技术方面投入巨资，建立了一套电子监管体系。此外，证券交易委员会（SEC）下设的合规监察与审查办公室（OCIE）已经投入大量资源加强其数据挖掘和分析能力。SEC还开发了国家审查分析工具（NEAT），通过数据挖掘来发现内幕交易和其他违规行为。

● 英国金融行为监管局（FCA）正在提升能力确保大数据权力不被滥用。同样，欧盟也在研究目前的大数据法规和监管措施是否满足要求。

● 美国联邦贸易委员会（FTC）被广泛授权，允许开展各类执法以保护消费者免受不公平或欺诈行为的侵害。FTC开发了一种不成文法规来满足监管期望，其观点是，一家公司若未能遵守其隐私政策，即没有实施合理的安全措施来保护消费者的个人信息，则构成"欺诈行为"。

● CFPB还负责监管提供给消费者的某些金融服务。该机构最近颁布了尚未经过验证的、旨在促进金融科技领域创新的新政策。另一个悬而未决的问题是，联邦法规在这一领域是否可以优先于该领域的州法律或法规。

● 在欧洲，《通用数据保护条例》（GDPR）为收集或处理欧盟居民数据的公司制定了严格规则，此项监管手段覆盖全球范围内任何收集或处理欧盟居民数据的国际公司。

● 《电话消费者保护法》限制了美国的电话营销行为。

● 全美国的50个州都实施了《国家数据泄露通报法》，要求对涉及个人信息的安全漏洞向客户进行通报。此外，许多州正在建立最低限度的"合理标准"来保护用户数据。

● 《反垃圾邮件法》（CAN-SPAM）限制了电子邮件营销行为。

● 联邦法律以及如《2018年加州消费者隐私法案》等州级法律，保证加州居民在数据所有权、透明度和控制方面享有GDPR式的权利。

● 国会1999年通过的《格雷姆–里奇–比利雷法案》（Gramm-Leach-Bliley Act）规定了保险公司、银行和其他金融机构在尊重客户财务记录方面的隐私和安全义务。[①]

● 纽约金融服务部（New York Department of Financial Services）的网络安全规则（Cybersecurity Rules）为持牌实体制

---

① 《格雷姆–里奇–比利雷法案》，又名《1999年金融现代化法案》。法案规定了金融机构处理个人私密信息的方式，允许单一金融控股公司提供银行、证券和保险服务。——译者注

定了具体的安全规定，包括技术控制和报送义务，针对金融部门基础系统安全问题，而非仅仅关注数据本身。

● 反洗钱义务适用于处理、汇出或传输资金的金融科技公司。这些公司可能被要求遵守旨在防止犯罪分子"清洗"不义之财或其他非法活动的法律。

Wirecard事件

现在就说监管之锤将会力度多大、砸向哪边还为时过早。其实，监管到最后还可能取决于随机事件，Wirecard的倒闭正是如此。

这家来自德国的支付公司被许多人看作是企业进军传统、寡头垄断的金融服务市场的完美范例。当然，这一切仅限2020年6月25日之前。Wirecard公司在当日宣告倒闭，拖欠债权人总计近32亿英镑。其账目黑洞最终追溯到公司的审计方——安永会计师事务所，被归咎于一场复杂的全球性欺诈行为。Wirecard在倒闭前可以算是欧洲最成熟的金融科技公司，市值超过200亿欧元。

Wirecard成立于处于互联网热潮的1999年。公司理念是，随着社会越来越朝着无现金社会方向发展，人们对新支付服务的需求会越来越大，消费者也会转向智能支付设备和网购。Wirecard也是Revolut、Monzo等金融科技公司的理想平台，因为这些公司缺乏发卡所需的关键人群。

不幸的是，肆无忌惮的增长和监管的缺失使之面临多项欺诈指控，导致这家被称为"德国的安然"的公司破产。这个例子可以很好地说明，资本市场如何因机构领导层缺乏公司治理和强有力的尽职调查而措手不及。

因此，德国监管机构联邦金融机构监管局（BaFin）声明致歉，其负责人菲利克斯·胡费尔德（Felix Hufeld）承认，"包括我自己在内的一系列私人和公共实体在阻止Wirecard的全面灾难方面不够有效"。这一事件导致欧盟委员会重新审查当前的法律法规，"在必要时采取行动改善欧盟的监管框架"。

Wirecard的倒闭对欧洲监管机构所采取的更加自由的监管途径会有哪些影响，目前尚不能确定。然而，英国开始启动的放松监管的措施很可能在欧洲雪藏……至少暂时如此。

在美国，美联储、货币监理署（OCC）等其他监督各州银行的监管机构似乎不太可能放松他们目前的行政控制权。监管机构已经运用他们的法律权力来审查银行与科技公司的合作伙伴关系。现在，如果某家银行为金融科技公司提供资金，那么这家受托银行最终要对任何信用违约或合规风险负责。

2020年，当一位联邦法官裁定想要成为传统银行的金融科技公司不再享有"快速通道"时，这些初创企业又面临着一道难题。他们将不得不像其他公司一样经历耗时持久的审批流程。

同时，这对陷入困境的传统银行来说是个好消息，因为这可能为他们争取到几年额外的监管保护期。许多银行领导者希望，他们能够有最长10年的时间来完成业务模式的转型和支撑性基础设施的升级。但现实是他们并没有这么多时间。

尽管持续的市场亏损和利润率下降给银行带来了一些转型压力，但他们并没有感受到像2008年金融危机后的无奈。因此，目前少有银行认为自己正亟须转型，而且银行也不愿意接受真正的变革。这就是为什么许多银行仍然以转型成本过高以及不可避免的销账将明显影响财务收益为由，为他们不采取行动辩护。愤世嫉俗者可能会认为，这种拖延的根源在于银行家们不想牺牲他们赖以存续的短期财务回报。

除此之外，还有一个抑制因素阻碍了全面、彻底的变革的进行。全球范围内，像银行这样的大型企业的CEO平均任期约为5年，而大型银行的转型往往需要10年左右，现任者当然想把这样的任务留给继任者完成。毕竟，当现任者的奖金与交付的短期成果挂钩时，如果可以把这些事情统统抛给后人，自己又何苦承担这些风险呢？

技术正在加速

那么，在天平完全向新入场的颠覆者倾斜之前，金融机构还需要多长时间完成自己的准备？

也许我们可以从纸质媒体的遭遇中得到启示。数字平台和社交媒体的收入一直依赖广告，最初并未泛起涟漪。后来，随着广告商全面转向网络渠道，纸媒的收入出现断崖式下跌，情况发生了巨大变化。凭借着间接的监管保护，许多"旧媒体"部门①才得以续命。传统银行业很可能也会面临同样的情况。

虽然银行经常抱怨自己被一套不适用于轻资产金融科技公司的法规束缚，但它们没有预见的是，相比束缚来说，这些法规实际上是在保护他们免遭残酷、血腥的竞争。

当前的监管环境虽然可能会给老伙计们一些喘息之机，但也给了颠覆者留出了足够的时间，让后者一边羡慕地看着传统银行的市场，一边制订他们的计划。颠覆者们的背包里有着一种传统银行几乎无法抵御的武器：技术。

技术的快速采用将会扰乱任何由信息驱动的行业，媒体、电信、汽车和航空等发生重大变革的行业都是如此。

精于技术的颠覆者带着更多的创新产品加入战局，迫使现任者处于守势，开展一场徒劳的军备竞赛。在竞争中，在位者努力缩短产品的生命周期，榨干疲态尽显的过时产品的最后一点能量，他们从来不是这场竞争的赢家。

当然，如果没有云计算、人工智能、机器学习、预测分析、大数据、物联网、机器人过程自动化等各类层出不穷的新技术，数字颠覆者难以跟上传统银行的脚步。

在波涛汹涌的市场里，真正知道如何驾驭变革浪潮的是那

———————————

① 与"新媒体"对应。——译者注

些颠覆者。与此同时，银行正在面临着一项不可能的挑战，即试图利用20世纪70年代设计的流程和系统来开展业务，当时规模经济比敏捷更重要。这种脆弱而不够灵活的传统技术现已成为银行肩上的沉重负担，不仅以明显过时的方式将数据锁入孤岛，限制数据的可获得性和透视分析的可能性，而且使得推出新产品的流程极其昂贵、烦琐。

当胜利与否取决于能否快速有效地将包括现金、人才和管理重心等资源从前景较差的目标转移到更有价值的目标时，缓慢的反应毫无疑问会带来灾难。

过时的传统银行模式中并不存在必要的速度和灵活性，而僵化的、关节炎式的流程则是常态。在唯快不破的21世纪金融服务业界，这并不是一个好迹象。

谷歌通过持续输出比竞争对手更好的结果赢得搜索引擎之争，苹果则通过构建产品生态系统、建立他人无法渗透的进入壁垒而取得胜利。由于其先发优势，苹果将自己定位为占据庞大客户群体的绝大部分份额，创造了真正的经济壁垒——后来者必须通过给出极高的折扣或是增加营销支出来吸引客户，这提高了他们的盈亏平衡点，降低了回报。

从目标成为包罗万象的金融供应商的20世纪50年代，到为客户群体提供差异化服务的70年代，再到更注重亲和力群体营销、与特定兴趣品牌（如体育等）联合的21世纪前10年，在探索未来发展道路的进程中，对未来的不断探索意味着银行又向前迈出了坚实一步。

但是，做到这一点所需的不仅是短期的收入调整，以度过大萧条时期以来最困难的经济环境之一，真正需要的是全面的结构性变化。还没有认识到周遭世界正在发生巨大变化的银行很可能陷入困局，而且并不遥远。回想一下被文字处理器和个人电脑"降维打击"的打字机制造商，同样的情况也可能会发生在以通用、全能模式运营的传统银行身上。

为了成为这个新世界中的一支有效力量，银行必须接受这样的事实：转型不仅仅意味着引进新技术，同时还要变革其组织、管理和文化结构，触达每个系统和业务流程。

这一点并非每家传统银行都能有所认识。即便有所认识，银行如果想在新世界中占有一席之地，它们也需要转型成为一个截然不同的组织类型。关于这个问题，我们将在下一章中讨论。

第四章

迎接吵闹的
邻居

摩根大通绝对会被金融科技公司吓得屁滚尿流。

——摩根大通首席执行官杰米·戴蒙（Jamie Dimon）

最近，银行业的增长率表现并不自然。作为一项衡量赢利能力的关键指标，2018年，全球银行业的资产回报率（ROA）只有0.51%。同样地，商业银行部门在2015年至2020年的年平均增长率仅为3.5%，银行业9.49的市盈率也明显低于25.56的市场平均水平，尽管后者可能受到极少数市盈率超过100的公司的影响而失准。

虽然美国和亚洲的银行自2008年危机以来已经有所恢复，但欧洲的情况则更具挑战性。欧洲市场的结构性缺陷、产能过剩、低利率甚至负利率，以及泛欧银行监管机构的缺乏，都带来了持续的赢利问题。

考虑所有这些因素，我们就会发现传统银行已经黯淡的前景可能会变得更加黯淡，特别是随着嘈杂的新邻居的到来更为如此。

这些嘈杂的新邻居——它们被称为金融科技公司、非银行金融机构、新型银行或挑战者银行——已经蜂拥进入这一行业，像白蚁一样攻击行业基础。无论你选择怎么称呼它们，它们都做着同样的事情：提供纯互联网的金融服务。在技术的支持下，由于没有实体分支机构，它们能够节省银行业务的成本，这意味着它们可以以更低的费用提供更好的产品。而且，由于它们通常通过手机应用程序工作，它们对年轻的、精通技术的消费者特别有吸引力，尽管不完全如此。

目前，这些"银行白蚁"非常饥饿。据当时预测，到2022年，全球金融技术市场的价值将达到3099.8亿美元，比2018年的1276.6亿美元有所增加。这是一个约25%的年增长率，数字银行的价值增长预计也将具有类似的戏剧性。到2025年，其预测价值将达到16100亿美元，为2015年的3倍。

来自英国的统计数据显示，数字银行正在取得进展。2021年年初，英国有1400万人拥有纯数字银行账户，这个数字预计在未来5年内将上升到2300万。超过1/3的总人口、超过3/4的成年人在上一年度使用过手机银行，超过80%的中小企业现在正在使用手机银行。

然而，到目前为止，大部分增长都发生在北美。2019年，北美的市场价值为3762亿美元，预计到2027年将达到7213亿美元。此外，亚洲和整个欧洲市场的兴趣也出现了激增。

尽管数字银行是行业内的后来者，但它们肯定已经引起了市场的注意。事实上，金融科技公司已经吸引了大量资金。虽然总体上说，金融业吸引投资的能力同过去相比并无太大差异，但投资者和资本市场正在迅速从传统银行转向新的颠覆性企业。

因此，近年来，科技公司获得了大量资金。根据毕马威的一项研究，2020年全球金融科技领域获得的总投资为1050亿美元，尽管相比于2019年的1650亿美元有明显下降，但仍达到有史以来的第三高位（如图4-1、图4-2所示）。

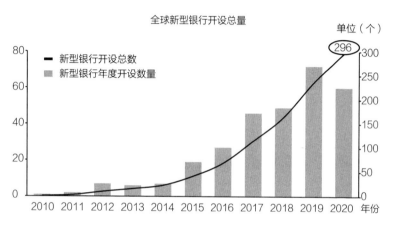

图 4-1　新型银行接管世界

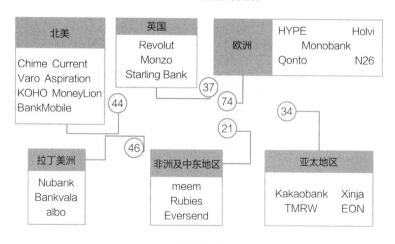

图 4-2　新型银行的地理分布

2017年以来，全球新型银行的数量增加了2倍，从2014年前的100家攀升至近300家。如果关注《快公司》（*Fast Company*）发布的最具创新性的金融公司名单，你就会发现，前十名中有八家成立于2010年之后。每5天，世界上就有一家新银行成立。欧洲是一个活跃的"热点"，其中英国的数量最多。这些新竞争者中约有3/4面向个人和小企业开展银行业务。

金融科技公司——高效的掠夺者

颠覆者之所以能取得如此大的进展、从传统银行的虎口中夺食，是因为与庞大、臃肿的传统银行不同，他们是精悍而刻薄的赚钱机器。2021年，根据成本收益估计，欧洲赢利效率最高的四家银行分别是挪威银行、瑞典银行、瑞典北欧斯安银行（SEB）和瑞典商业银行（Handelsbanken），均源自数字发展水平更为先进的北欧国家。相比之下，像德意志银行和德国商业银行这样的老牌银行属于效率最低的金融机构，其成本收益率分别约为90%和80%。

如果观察二者的获客成本，你就会发现颠覆者和传统银行之间的效率差距更为明显。在英国，新进入者Monzo获取一位新客户的成本约为8.37美元（6英镑），而传统零售银行的这一数字大约是200美元。孰优孰劣已经显而易见。

那么，颠覆者是谁呢？

啃食传统银行业基础的白蚁之一实际上是一只"蚂蚁"。蚂蚁金服，现名蚂蚁集团，是世界上最有价值的独角兽企业，其IPO规模达到了350亿英镑的历史新高。其股份分配被超额认购872倍，使之成为最为震撼的个人成功故事之一，支撑着金融科技行业的强劲增长。

到2018年年中，蚂蚁金服的估值约为1500亿美元，当时的价值约等于高盛和摩根士丹利的总和。

蚂蚁金服起步于2014年10月诞生的支付宝。支付宝是专门为便利淘宝网交易而开发的支付工具，与淘宝网同属阿里巴巴集团。支付宝从阿里巴巴集团中剥离后开始提供更广泛的金融服务，得到了中国的年轻和日益富裕的人口的认可。得益于极高的受欢迎程度，现在蚂蚁集团在全球拥有12亿以上的客户，其计划是在未来十年内将这一数字提升到20亿。

蚂蚁集团60%~70%的收入来自支付业务，为传统零售银行的2倍。然而，随着该公司开始向用户提供抵押贷款、信用卡和信用评级等价值更高的产品，这一比例将会下降。因此，矛盾的是，虽然大多数银行的目标是摆脱过分广泛的产品和服务线给其经营带来的负担，但是蚂蚁集团未来的成功将会在很大程度上取决于能否成长为一个完整的、提供全面服务的金融服务公司。

真正引起许多投资者注意的是，蚂蚁金服如何从一家纯粹的支付服务提供商以惊人的速度发展为一家综合的、全方位的金融服务公司。

毫无疑问，蚂蚁集团的发展由其技术驱动，但是与此同时——正如我们稍后将讨论的——这也是其创新意愿的反映。正如我们此前所言，创新是广义的金融服务行业一直以来的强项。回顾历史，信用卡和网上银行的发展就是极好的证明。

除了蚂蚁集团之外，还有许多其他形式和规模各异的公司在这一领域取得了成功。在英国市场上，Chime公司的市值在2020年11月突破140亿美元，尽管其每股收益接近于零，其价值却超过了许多银行或上市公司。

这些颠覆者的发展轨迹或许可以如此概括：他们大力推动以技术为引领的创新，培育新的商业模式、应用程序、流程或产品，之后对既有的金融市场和金融机构产生明显冲击。尽管颠覆者的特点不尽相同，但他们之间有一个共通之处，即运用客户智能（customer intelligence）的能力。这方面的表现将是预测其收入增长和赢利能力的最重要因素。

这些新势力中有许多拥有完整的银行牌照，可以提供与传统对手相同的服务。在欧洲，这样的银行包括Monzo、N26（被誉为2021年世界最佳银行）、MyBank、斯塔林银行（Starling Bank）和Revolut，而在美国，Ally和Axos等公司也是如此。

微众银行、Yolt、Lunarway和Moven等新型银行本身并无银行牌照，但与有牌照的金融机构合作开展业务。这种银行一般要求客户在持牌银行开通账户。由于并非所有新型银行都持有银行牌照，许多人士也在质疑他们未来的赢利能力。

还有一种银行称作"测试银行"。它们是现有银行的合资公司或子公司，使用其母公司的银行牌照运营。设立测试银行的目的通常是为了向新市场的消费者提供有限度的服务。例如，百信银行（AiBank）就是中国中信银行和互联网搜索巨头百度公司联合设立的合资公司。

无论如何分类，这些新势力正在快速增长。欧洲规模最大的三家数字银行——Revolut、N26和Monzo——现在总计拥有超过2500万注册用户。未来这一数字只会继续上升，特别是Revolut在进军美国市场的过程中加速了增长趋势。

如果你愿意的话，我们可以把这些新型银行称作"常见嫌疑人"，但那些业务范围与传统金融机构迥然不同的公司正在越来越多地侵入这一市场。

举例来说，谷歌公司推出了与谷歌钱包账户关联的实体借记卡；咖啡连锁店星巴克的银行账户里有16亿美元，全部资金都来自客户的预付卡。这种趋势正在欧洲各地遍地开花，欧洲的超市和高街品牌已经成为邮局、银行和货币兑换处。

事实上，只要他们愿意，任何大型数据处理者——例如电信公司、公用事业公司或大型科技公司——都很容易进入今天的金融服务领域，原因是它们有能力开展创新、扩大规模、安全地持有信息。

金融服务和其他行业之间的交叉增加了市场的复杂度。摩根大通就是一个例子，现在它正为亚马逊和Airbnb的客户提供虚拟银行账户服务。

除此之外，零工经济（gig economy）正在为像Uber Money这样的非银行金融机构创造机会，积极渗透自由职业者和小企业市场。如果当前使用的银行不能提供完成工作所必需的金融工具，他们很乐意转投别家门下。

越来越多非银行金融机构（NBFIs）的加入也在驱使传统银行探索无担保消费贷款等新收入来源。高盛银行的"Marcus"和汇丰银行的"Amount"就是为开拓这一新业务领域而专门设立的数字渠道。

在此过程中，零售银行和大型企业银行正在失去控制力，因为那些速度更快、业务成本更低、服务更完善的颠覆者正在侵入曾经专属于传统银行的产品和服务领域。例如，最近Monzo、N26和斯塔林银行已经开始向它们的客户提供信贷产品，预计未来还会提供抵押贷款、透支保护和付息储蓄等产品。

令人毫不意外的是，消费者银行业务、资金转移和支付将在未来几年持续地被颠覆，因为企业对消费者（B2C）领域正是金融科技公司的优势之所在，它们有能力撼动传统价值链。然而，贷款领域也出现了创新，这体现在：替代性信用模型、运用非传统数据源和强大的数据分析能力识别和评估风险、加速以客户为中心的贷款流程以及降低运营成本。

更难以颠覆的部分其实是各种银行模式。这些模式或由关系驱动，如针对大客户的企业银行业务，或由规模驱动，如需要资本和技术投资的交易，后者则超出了金融科技投资者的范围。

一旦颠覆开始，可能会产生难以阻止的溢出效应。支付行业的新势力已经从起点分化出来，贝宝（PayPal）就是一个很好的例子。

1999年PayPal刚推出时，对许多商家来说接受在线银行卡支付仍然是一个新鲜事物。随着时间的推移，PayPal取得了突破，允许个人和企业更简单地通过数字账户完成在线支付和在线收款，而不必使用实体卡。

自那时起，PayPal也进入了其他金融服务领域，如消费信贷、移动支付，甚至信用卡发行。根据彭博新闻社的报道，PayPal目前拥有约2.5亿全球用户，业务处理量占中国以外所有电子商务交易的约30%。

Stripe是另一家选择这条进路的支付公司，据传它正在申请银行牌照。申请的原因可能是受到了第二版欧盟支付服务法令（以下简称PSD2）推动的监管融合的影响。该法令对欧洲的多边平台或市场业务产生了重大影响，许多平台不再获得许可证豁免。

全新的金融生态系统

种种变化正在创造一个全新的、更具流动性的生态系统。在这个新生态系统中，消费者像蜜蜂一样在不同金融公司组成的花丛中反复横跳。如果这种越来越有活力、越来越拥挤的市场趋势继续下去——当然，没有理由认为它不会——那么到2030年，消费者可能完全看不到银行。到那个时候，银行可能会降级为幕后的推动者，而非正面参与者。他们就像是银行业背后的处理器，而不是外表光鲜亮丽的笔记本电脑。

因此，如果说传统的银行正在消失，那么谁会是取代它们的新生力量？

这个问题不好回答。在一个发展速度比以往任何时候都快的市场中，你的竞争对手是谁可能并不总是清楚，但是我们简单地将其分为三类，即：聚合者、创新者和颠覆者（图4-3）。

聚合者将多个来源的数据和信息聚合到一起，允许客户对比不同服务商报价之间的区别。他们对客户忠诚度构成了挑战，强行压低市场价格，这也就意味着银行失去了与购买其产品的消费者或投资者之间的直接联系。

创新者通过例如"超级应用"等新颖的方式，向用户提供一系列综合服务。这类应用包括取代银行投资建议的社会投资应用、为交易提供便利的支付应用，以及利用大数据加速融资的贷款平台。

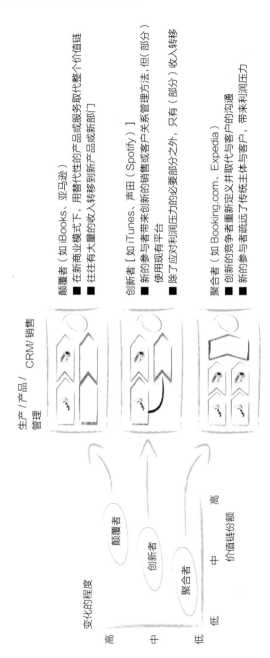

颠覆者（如iBooks、亚马逊）
- 在新商业模式下，用替代性的产品或服务取代整个价值链
- 往往有大量的收入转移到新产品或新部门

创新者 [如iTunes、声田（Spotify）]
- 新的参与者带来创新的销售或取代客户关系管理方法，但（部分）使用现有平台
- 除了应对利润压力的必要部分之外，只有（部分）收入转移

聚合者（如Booking.com、Expedia）
- 创新的竞争者重新定义并取代传统主体与客户的沟通
- 新的参与者疏远了传统主体与客户，带来利润压力

图4-3　数字袭击者

最后，还有纯粹的颠覆者。他们是绕过传统银行手续和流程的非银行金融机构，其中包括把银行作为中介的点对点网络借款平台（P2P），以及以提供大量简单、增值产品为主的"简易银行"。

破坏者在哪捕捞？

对颠覆者而言，传统银行业的某些领域不可避免地比其他领域更具吸引力。图4-4中，我们可以看到支付是新进入者的主要关注点。增加对交易的掌控便于更好地提供其他类型的金融服务，而目前新进入者对中小企业（SME）的兴趣并不甚高。为中小企业提供服务现在已经被认为是一个未被充分开发但潜在利润丰厚的领域，这种情况可能很快就会发生改变（图4-4）。

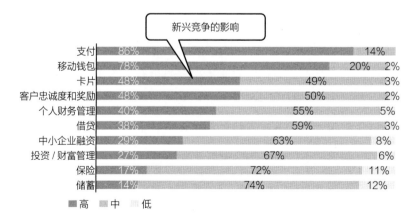

图 4-4　银行在何处遭受攻击？

作为颠覆者的金融科技公司选择对它们来说利润最为丰厚或是最为有利可图的领域参与竞争，再合理不过——图4-4也很好地说明了哪些领域最容易打开局面。

每条业务线都有着自己的一套独特的竞争体系，取决于与传统银行模式的关系、新竞争者是否可以带来新内容，以及准入门槛的特性。举例来说，财富管理就没有引起金融科技公司的注意，因为这一业务往往伴随着强有力的人际关系。然而，即使是这个曾经十分稳定的传统银行业务堡垒，现在也正逐渐被社会投资平台、数字投资工具和机器人顾问的出现所颠覆。这些工具尤其"赋能"了那些希望对自己的财务事务有更多掌控的年轻的财富客户。将近1/4的年轻投资者表示，他们转向新的服务提供者的目的就是为了使用数字工具——例如投资组合模拟、情景分析、自动资产分配和自动交易等——而他们目前的银行并不能提供这些工具，因此可能会出现大问题。

像盛宝银行、Robinhood、Betterment和SoFi这样的颠覆者正在凭借着它们独特的综合服务产品挑战现有占市场份额较大的银行。它们的新产品拥有明确的价值主张：以低廉的价格便捷地进行投资。现在，如果银行不能直接向消费者提供投资建议，银行与消费之间将会出现更大的割裂。

即使是企业融资这样的业务领域，你能够确定银行一直能够保持竞争优势，不会被金融科技公司入侵吗（图4-5）？

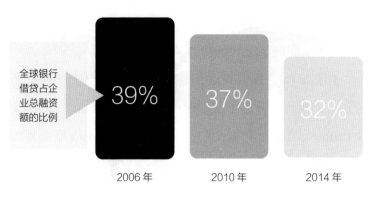

图4-5　那么，还有安全的地方吗？

注：数据为比利时、法国、德国、意大利、荷兰、西班牙、英国和美国的合计。

图4-5表明，随着替代供应商以更便宜、更快速、更透明的支付服务和更优秀的存贷款平台吸引大型企业银行的传统客户，即使是后者也正在失去它们的控制力。

赢家和输家

虽然这些新银行越来越受到欢迎，不断扩大它们的客户群，但是许多新的数字竞争者却一直深受利润问题的困扰。主要竞争者之一的Revolut直到2020年，也就是开始营业5年之后，才首次实现收支平衡。

各个细分市场和区域之间也存在着很明显的赢利能力差异，可能会产生重大影响。例如，那些主营数字支付的公司业绩表现就非常好。由于在新冠疫情期间，人们更多选择网上购物。PayPal这样的公司实现了有史以来最强劲的业绩表现，而且预计短时间内这种态势还将延续。

毫无疑问，投资者对于这些新模式有着强烈的投资欲望，这也在其估值上有所反映。例如，美国公司Square由推特（Twitter）公司创始人杰克·多西（Jack Dorsey）联合创办，通过智能手机为"夫妻店"之类的小规模零售商和其他小企业提供便捷的信用卡支付解决方案，估值约为1227.1亿美元，全球市值排名125。该公司估值约为德意志银行（260亿美元）的5倍，是欧洲最大的银行法国巴黎银行（755亿美元）的1.6倍。

投资者对金融科技公司的热情也体现在了这些数字颠覆者与传统银行之间日益扩大的估值差距。2021年年初，PayPal公司的3000亿美元估值意味着该公司在标准普尔（以下简称标普）500指数中排名第17，远远超过花旗集团（1400亿美元）、富国银行（1800亿美元）等传统企业在2021年8月的估值。

当然，这些轻资本运营模式的估值指标与传统银行所使用的估值指标存在着根本上的不同。传统银行使用的衡量指标是有形净账面价值的倍数计算，但往往会打上很大的折扣。金融科技公司的轻资本模式的估值基于盈利的倍数，但是如果一项业务尚未盈利，则基于所拥有的客户数量计算。根据经验，估值约为每位客户1000美元。由于许多金融科技公司尚未实现收支平衡，市场认为它们的模式可能会在未来的某些时候实现货币化，从而产生可观利润。

这种想法得到了大量数据的支撑，特别是考虑到新势力如何通过向用户提供创新、便利的方式，允许个人和企业绕过传统的借记卡和信用卡模式，从而瓦解银行的传统价值链体系。贷款平台同样通过运用大数据技术实现这一目标，帮助借款人以更低的利率获取资金。例如，P2P平台不断接管曾经专属于传统银行业务的领域，将自己打造成为某种形式的"简易银行"。凭借其便捷的申请流程和绝大部分都非常简单的增值产品。

科技巨头也在行动

想切下银行业务这块大蛋糕的不只有金融科技公司，上文中我们已经说到像亚马逊这样的大型科技公司如何变为一家金融机构。谷歌也在努力发展金融服务基础设施，计划与花旗银行和加州的一家信用社合作，推出消费者银行账户，通过支付和借贷的融合变现。这种做法有点类似苹果公司在2019年与高盛集团合作推出信用卡产品，苹果公司同样将大部分财务工作留给了其银行合作伙伴。

同时，谷歌还在通过Plex扩张其业务版图。通过谷歌公司与银行或是信用社的合作，用户可以在谷歌平台中访问自己的支付和储蓄账户。此外，还有一项独有的功能，用户还可以把账户连接到谷歌支付，即谷歌公司的数字钱包平台。

加入Plex的合作伙伴金融机构希望通过这种方式与爱好技术的消费者，构建新型消费关系。这些消费者，尤其是"00后"或"Z世代"人群，非常看重免费数字账户的简洁、便利。谷歌公司的店内支付功能已经通过其低廉的信用卡和借记卡交易费用，吸引到了大量商家。如果业务的雪球开始滚动，预计该业务将极大削减发卡机构或是发卡组织的收入（现为每年900亿美元）。

但是，尽管看起来前景广阔，但是到目前为止，科技巨头们一直对进入银行业保持沉默。主要原因是经营一家传统银行所需的资本对这些现金充裕、收购力强、资产轻快的精英们来说是一项非常没有吸引力、十分陌生的主张。同时，科技巨头还在担心成为金融服务提供商之后需要面对的合规负担。这些习惯在监管松散、基本处于半自治状态的市场中经营的公司对此有着天然的排斥。[1]

因此，即便科技巨头真的想进入银行业，但是目前来看，它们很愿意借助市场上的现有客户，同时继续通过其基础设施优势，赋能金融服务机构。

---

[1] 然而，在2021年10月，谷歌公司宣布终止Plex业务。自2019年11月正式发布以来，Plex业务广受各界关注，许多人认为Plex可能会成为"支付账户的杀手和颠覆者"。谷歌公司给出的理由是"谷歌公司将重点关注为银行及其他金融机构提供数字赋能，而不是自己作为提供者提供服务"。——译者注

如果它们认真参与竞争，则有可能会从美国金融界高达1.35万亿美元的现有收入中攫取40%之多。

金融科技行业咨询公司11：FS主持研究的萨拉·科恰恩斯基（Sarah Kocianski）表示，在未来几年里，大型科技公司无疑将更深入地进入金融领域，但将"缓慢前行，而不是高歌猛进"。她表示："这些公司可能会把获得和维持银行牌照的烦琐流程和各类事项视作过高的风险，相应地，他们将继续与持牌的合作伙伴共同运营。因此，科技巨头们将继续在其现有产品线中增加与银行业务相关的服务，而不会选择开展全栈式银行业务。"

同时，并非只有科技巨头对金融服务感兴趣。2016年，艾利银行（Ally Bank）从通用汽车公司的消费者金融业务（GMAC）中孵化，旨在创造一家提供全面服务的在线银行。艾利银行没有实体营业部或网点，在平台上整合各方面的银行业务。

如何赢得这场不可能的战争？

面对如此剧烈的变化，如果很多银行继续单打独斗，则将毫无疑问地面临巨大威胁。如何与提供相同并且免费产品的竞争对手竞争？如果不能找到这个挑战的应对之策，那么情况就会变得更糟。

许多新玩家几乎完全处在"免费区"，它们以极大的折扣力度向用户提供产品和服务。当然，这对它们的客户来说极具吸引力。

它们能够这样做，是因为它们一般拥有非银行业务的收入来源可供利用，或是通过与合作伙伴分享基础设施成本或进行产品捆绑。例如，通过将股票经纪业务与银行业务捆绑，股票经纪人可以向用户提供免费交易；或者电信运营商通过和保险公司合作，可以将汽车保险费率降低30%。

证明这种"三角战略"的有效性的最佳案例之一就来自智能手机的移动操作系统市场。同样是移动操作系统，微软决定向智能手机制造商征收授权费，而谷歌则是免费开放供设备制造商使用，通过将使用中产生的数据变现赚取利润。很明显，收费的微软Windows Phone难以同免费的谷歌安卓（Android）相抗衡，最后被挤出市场也就不足为奇了。

如果运用得当，这种三角战略可以带来利润池的明显转型，危及整个银行部门。

金融科技公司何时收购银行？

银行收购初创企业已经不是什么新鲜事了。事实上，收购基础设施的所有权是一种快速、有效地获得技术优势或确保利润的方法。

反过来，对于希望扩大规模的金融科技初创企业来说，收购一家银行也是完全合理的举动。这将使它们获得银行牌照，并获得广泛的客户群，而金融科技企业总是在努力建立客户群。

不幸的是，金融科技初创企业和银行之间的估值差异可能会成为问题。正如上文所言，传统银行的估值基于其过往收益和有形账面价值，而金融科技公司的标准是以收益倍数来衡量未来增长的，在这种情况下如何撮合交易？

尽管有着这样那样的困难，我们还是可以预期，越来越多的金融科技公司和技术公司会考虑收购。然而当他们真的"攻击"时，参与竞争的模式可能不太会是收购，而是双方通过更广泛的金融生态系统实现竞合（co-pitition）。

当然，这种情况现在正在发生。2021年2月，LendingClub收购了Radius银行，是首笔此类交易。Radius银行是一家总部位于波士顿的数字银行，没有实体分支机构，资产约为14亿美元。[1]

LendingClub计划使用混合模式，继续通过其平台销售约90%的消费者贷款。LendingClub希望一方面保留P2P贷款平台的优势，另一方面充分利用传统银行的低成本资金和较低合规成本的优势。这样一来，得益于Radius的资金成本优势，

---

[1] LendingClub（借贷俱乐部）是美国的一家P2P金融公司，被认为是美国P2P金融公司的鼻祖、规模最大的P2P金融公司，主营面向个人用户的贷款业务。——译者注

LendingClub可以将目前的年度成本降低1500万美元。

拥有Radius的存款也将允许LendingClub的资产负债表上持有更多属于自己的贷款。这样，每持有10亿美元，就可以再产生4000万美元的年利润。考虑到2019年LendingClub总计发放了约123亿美元的消费者贷款时，这一数字的重要性就得到凸显了。总的来说，LendingClub每年可以降低8000万美元的成本，而当初完成收购只花费了1.85亿美元，这笔买卖可以说是相当划算了。

LendingClub并不是这个玩法的唯一一位玩家。2020年3月，德国储蓄和存款交易平台Raisin GmbH也翻开了相同的剧本，收购了为其提供服务的银行MHB-Bank AG，获得了银行牌照，为自己节省了诸多麻烦。收购银行客户也意味着Raisin将能够更快地实现扩张、扩大规模。

美国预付借记卡公司绿点（Green Dot）在2011年收购了总部位于犹他州的邦纳维尔银行（Bonneville Bank）及其价值3700万美元的资产。完成收购的绿点银行能够实现业务增长、提升经营效率，还可以直接收取费用，并在不需要银行许可的情况下推出新产品。之后，绿点银行被谷歌收购，在金融科技公司、传统银行和科技巨头之间形成闭环。

未来，可能会有更多的金融科技公司和科技巨头会走上这条道路，加速它们彼此之间的融合。我们将在后文讨论。

濒危物种

唯一能够保护许多传统金融机构免受谷歌之类的科技巨头和电信运营商等公司直接冲击的就是他们的银行牌照。虽然拥有牌照并非实现盈利的先决条件，但它确实提供了很大程度的监管保护。然而，持有牌照本身却是一把双刃剑，因为每年维持牌照本身就会给金融机构带来沉重的成本负担。

银行认为，银行与金融科技公司之间的竞争向金融科技公司倾斜，并不公平。后者能够充分利用市场机会，凭借较低的成本实现利润最大化。

这就是为什么许多银行并不呼吁完全放松行业监管，而是希望对金融科技公司施加更大的监管力度，让它们与传统机构保持一致。

大卫对巨人，你死还是我活？

您可以把所有这一切看作一场为了争夺银行业灵魂的大卫和歌利亚巨人之战。一边是粗鲁不敬、意在颠覆的新入者，另一边是笨重的恐龙……与其说他们是食肉的猛龙，倒不如说是食草的雷龙更为贴切。

双方交战，应该获胜的难道不是拥有"技术"这一弹弓的大卫吗？实际上，金融科技公司并非无往不胜。请您不要忘记，绝大多数公司都是规模庞大的传统银行边上的小鱼，这意味着他们可能很难立足或是取得进展。例如，金融科技公司永远不能低估高知名度的现有银行的巨大现金流和支付能力，特别是涉及直接消费者营销以拉动新业务时。

正如我们所指出的，金融科技公司一直面临如何获取新客户的问题。对某些企业来说，这将是它们的丧钟。如果它们不能迅速获得足够大量的客户，它们就无法在耗尽现金之前吸引到赖以续命的投资。只有少数公司能够实现这一转变，而也正是它们获得了投资者的大部分资金。Stripe、Robinhood和微信都是这少数公司之一。随着市场重新关注经营业绩而非增长本身，这一趋势如何发展将取决于金融科技投资者的预期如何改变。

日益复杂的环境

在这种转型环境下，传统银行可能会观察到收入流向小型金融机构，因为它们清楚如何创造价值、提供高满意度的客户体验。

但是，虽然毫无疑问银行在这个新环境中受到挑战，但对于新进入者来说，也并非一帆风顺：它们必须获得足够的资本，在一个持续整合的市场中保持差异化。更糟糕的是，它们还被许多市场的规章制度拒之门外。因为担心它们破坏金融市场秩序，它们可能也不会得到政府的信任。

这些问题可能会使新进入者受到冷遇，无法获得它们需要的动能，正如金融科技独角兽斯塔林银行的首席执行官安妮·博登（Anne Boden）所说："如果我们在会议场所和高端咖啡馆夸夸其谈我们到底多么具有革命性的时候，而2000万潜在客户还在继续他们原有的生活，那一定是哪里出了问题。"

考虑到国际扩张的高昂成本，金融科技公司去海外也并非可以悠哉游哉。每个国家每年光是牌照费用就可能高达几十万美元。以美国为例，合规在美国就是一个巨大的障碍，因为金融科技公司需要将其业务覆盖全国。一家新型银行需要满足全部50个州的监管条件——实现这一点将是一个昂贵而耗时的过程，也会使金融初创企业难以实现国际化发展。这也就是德国的网上银行N26在2020年撤出英国市场的原因。

另一项费用就是不得不支付的外汇交易费用。如果您在本地市场没有强有力的银行业务，那么外汇的处理也会耗费很大的精力。这也就是为什么只要有可能，金融科技公司经常通过银行开立"受益人"账户（FBO）和国际银行账户（IBAN）。

金融科技公司的选择

总而言之，金融科技公司最基本的抉择就是选择成为一家不受监管的数字平台还是一个资金存管机构。作为不受监管的实体，金融科技公司可以专注于某个特定的产品、服务或客户群，最终成为某个细分市场的成功者。既不能持有客户存款，也没有支付渠道，深刻地影响了他们的资本和赢利能力。它们仍然没有限制资本充足率的要求，大多数投资者现在都更喜欢轻资本模式的企业。

一路走来，过度紧张的反洗钱管控、成本高昂的"了解您的客户"合规以及不均衡的规则应用，意味着银行无法再支撑其全球存在的合理性，而不得不"走回来"，回到本地市场，更有效地重新部署资本。相应地，金融科技公司如果想国际化发展，也可以专注于某个单一的客户群、产品或服务。

现实情况是，海外拓展对数字银行和传统银行都是一个挑战。然而，金融科技公司的灵活性可能更强，更适合驾驭不同的监管环境，满足更广泛的全球客户需求。

但还有一种相反的观点

虽然颠覆性的金融科技公司无疑拥有强大的实力，却不一定意味着传统银行"游戏结束"。也许我们现在见到的不过是一场数字狂欢，毕竟颠覆者的崛起并没有从根本上改变银行业务或是基本的收入模式。银行不过是需要降低成本、提高效率，一切就会好起来……不是吗？

资本市场的估值可能是搞错了吗？在某种程度上，趋势会不会出现逆转？当投资者意识到他们的错误，回过头来向久经考验的"真正的"银行寻求拯救时，金融科技公司会不会反过来互相撕咬，试图守住自己的一席之地（图4-6）？

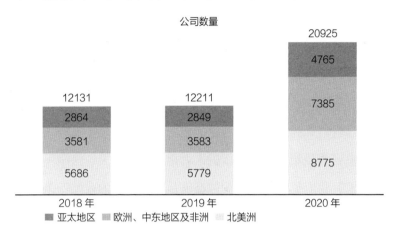

图 4-6　只剩站票

在经历了一段时间的稳定之后，越来越多的金融科技公司正在进入各个地区的市场，每家公司都希望能从银行那里分得一点儿蛋糕。

在如此多的细分领域内有如此多的金融科技公司，市场空间正在变得相当拥挤，最终，随着市场的整合可能会引发一场厮杀。因此，分析师和投资者正在争先恐后地辨别哪些公司具备成为冠军的条件，包括商业模式的经济性、资本获取渠道和强大的技术堆栈等。投资者希望感到放心的一件事是投资标的公司的知识产权、软件和技术不容易复制。如果技术容易复制，该公司可能会失去任何真正的竞争优势。然后，在获得融资后，公司将不得不小心经营，不要太快烧光新获得的资本。

在此之前，大多数银行都拥有足够生存的资金，由于强大的资本市场经营能力，它们能够比其他市场竞争者更能"用钱生钱"，这些都要归功于它们的财务职能、对冲实践和自营交易。

而那些正在扰乱市场的"开放技术"如何呢？它们最终也会被纳入监管，阻止任何可能的融合，新的隐私法的引入也会如此。

当我们见到金融科技领域的成功案例时，很容易陷入幸存者偏差，并开始认为这些新进入者全都万无一失、稳赚不赔。事实上，我们见到的只是少数能够从初创企业的残酷竞争中幸存的"卷王"。

传统银行面临的问题是，那些在竞争中生存下来的胜出者全都效率极高、作风强硬、身经百战。他们的战斗能力更强，而这对主流银行来说意味着麻烦。但是，让我们暂时假设你既不否认也不相信传统银行家们每天给自己洗脑的、充满希望的睡前故事的幸福结局——你必须做出哪些改变？这个问题的答案请见下一章。

金融科技尚未收购……暂时

尽管获得了大量资金，但金融科技公司并没有全面接管市场。如果我们观察新的挑战者银行的市场渗透率，就可以发现渗透速度相对较慢。这也在一定程度上反映了客户对更熟悉的金融品牌的黏性，但可能更多反映了从金融科技公司到银行需要付出的极高成本。

虽然从技术上说，现在开办一家银行要容易得多，Monzo、N26和Varo money都是很好的例子。但是，与合规有关的成本却让很多公司望而却步。这当然有助于传统组织保持其竞争优势，但是银行并不能永远依赖这种准入门槛。

此外，随着颠覆者本身日渐成熟，拥有市场的信任，情况将不可避免地发生变化，届时我们可以看到它们的获客速度呈指数式增长。

同时，非银行金融机构将不得不在后疫情时代的经济低迷时期选择自己的经营方式，这对它们来说是前所未有的挑战。如果它们受到了这一点的困扰，那么真正的影响将不可估量，因为非银行金融机构已经成为该行业的一个重要组成部分。截至2019年，非银行金融机构发放贷款的份额已经从2009年的9%增长到59%。

除此之外，自2008年金融危机以来，非银行金融机构从银行获得了总计数十亿美元的抵押贷款服务权（MSRs）。这意味着他们在2019年为49%的市场提供服务，而2010年这一比例仅为6%。

这对新成立的银行来说可能是个坏消息，一旦宽限期结束，就会很快出现大量的不良贷款，达到自2008年危机以来的最高水平，从而造成流动性问题，并将增加现金流并不充裕的非银行金融机构的生存风险。许多公司可能会被迫退出抵押贷款行业，步上它们的前辈十年前的后尘。一旦后疫情时代市场上出现大规模破产，银行业——尤其是新进入者——将会面对高额的信贷损失和巨大压力。

第五章

二者兼顾的
组织

数字技术对社会和商业的作用就像蒸汽机对马力的作用一样。创新马力的证明是近来商业化的数字创新的交付速度。

——内德银行（Nedbank）首席技术官

弗雷德·斯瓦内普尔（Fred Swanepoel）

如果说全能银行模式终究无以为继，那么它会被什么所取代呢？新的市场平衡点会在哪里，对市场结构会产生什么影响？还有，未来的零售银行会是什么样子？换句话说，行业的到达点在哪儿？

当然，一些较大的银行可能会决定保持较大的规模，利用自己的力量对付科技巨头。它们可能会把科技巨头视为主要竞争对手。

然而，对于大多数传统银行来说，这不是一个简单的降低成本或是为标准产品和服务增加更多"无收益"功能的问题；相反，它需要全面重新思考银行如何在一个日益商品化的市场中脱颖而出。

大多数银行将不得不采用轻资产的商业模式，就像它们的数字对手——金融科技公司一样。后者主要是在线实体，几乎没有任何实体分支机构。而且，银行将不得不更加专注，削减专有产品，向个人客户提供精简的、更加个性化的产品组合，而不是销售各种"一刀切"的产品试图满足许多人的需求。

它们还必须思考如何成为一个银行和金融科技公司共同满足互补需求的全新的生态系统的一部分。

由于缺乏数字专业知识，如果银行要成为它们数据优先的理想组织，将它们持有的大量客户信息变现从而赚取收入，那么他们需要与第三方——也就是数字颠覆者——深度融合。如果银行要为客户提供顺畅的服务，这种变化需要由一流的数据分析、算法和人工智能来推动，这些客户也将越来越多地通过增强现实（AR）和聊天机器人等技术参与其中。

这将创造一个新的行业到达点（图5-1）。

银行业将重塑自身以满足不断变化的市场需求，而这个市场正被金融科技公司的入侵所颠覆。在这个新世界里，拥有流动性的零售银行将专注于零售和中小企业领域的高附加值产品和服务。企业银行将回收流动性，专注于更大型的中小企业和中型企业，因为传统客户转向直接向市场发行票据（债务和股权）。随着不同元素的融合，传统的业务线将被改造和拆解。批发银行将专注于规模化的业务，以及技术可能成为他人进入市场的壁垒。他们同样还将提供"白标"产品，供其他企业贴牌使用，将其作为自己的产品，从银行的品牌资产或后台处理能力中获取收益，与客户共同投资项目。这种模式与以前的英国商业银行颇为相似。

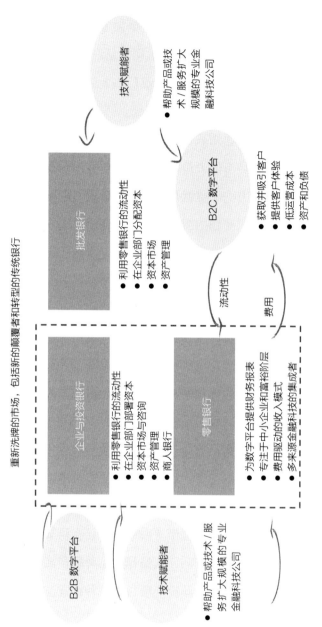

重新洗牌的市场，包括新的颠覆者和转型的传统银行

技术赋能者

- 帮助产品或技术／服务扩大规模的专业金融科技公司

批发银行

- 利用零售银行的流动性
- 在企业部门分配资本
- 资本市场
- 资产管理

B2C 数字平台

- 获取并吸引客户
- 提供客户体验
- 低运营成本
- 资产和负债

企业与投资银行

- 利用零售银行的流动性
- 在企业部门部署资本
- 资本市场与咨询
- 资产管理
- 商人银行

零售银行

- 为数字平台提供财务报表
- 专注于中小企业和富裕阶层
- 费用驱动的收入模式
- 多来源金融科技的集成者

流动性

费用

B2B 数字平台

技术赋能者

- 帮助产品或技术／服务扩大规模的专业金融科技公司

图 5-1　银行业的新到达点

新的银行组织

所有这些都将改变银行的外观和感知，因为全能银行模式在这个新的环境中行不通。这意味着传统的银行将需要找到从现有状态转型到所需状态的方法。那么，银行需要成为什么样的组织？它们需要转型到哪里？当它们完成转型之后会是什么样子？

过去几年来，理特咨询公司一直在研究大公司的能力。基于我们的分析，我们可以把组织分为三大类。

只有刚过半数的公司是我们所说的"开采型"，对它们来说，实现规模扩大化、提高生产力就是最为重要的。它们注重执行、完善和效率，所以希望从所拥有的东西中获得最大的收益。这也是传统银行在寻求规模化时进行并购活动的基础，具体的体现就是，它们倾向于花费时间和资源来完善以往较为成功的业务活动，而不是冒险进入新领域。

但是，即便银行认识到它们必须使它们的业务更流畅、更有效，许多银行也都没有做到需要做的事。欧洲央行一直担心这种过度的低效，以至于开发了一个具体的指标，即全要素生产率（Total Factor Productivity，TFP），以衡量和比较不同规模、组织结构、所有权类型和专业化的银行之间的增长。

数据表明，在2006年至2017年，在整个欧盟，一家中等规模的银行可以用仅仅84%的成本产生同样的产出。因此，如果你认为你的银行经营得很好，现实情况可能并非如此。而且，如果你想获得足够的投资回报率，你需要削减至少15%的成本。如果你已经处在缩减开支的状态，这是一个很大的问题。

鉴于此，如果世界上最大的200家银行想要达到12%的标准资本回报率，根据我们在理特咨询公司的研究，它们需要整体削减约2000亿美元的成本。这一规模凸显了我们在时代快速变化的情况下，逐步改善现状远远不够。实际上，如果你不采取更加激进的行动，你就会像尼禄在罗马陷落时一样手足无措。

如果你对外界的变化完全漠不关心，你没有看到潜伏在门外的怪物，那么上述情况就可能会出现。柯达和宝丽来（Polaroid）公司在20世纪90年代的经历就是极好的说明。当时，尽管周围已经出现许多警告，它们仍然对世界转向数字摄影的趋势浑然不觉。当他们最终反应过来的时候，当然，一切都太晚了。

也许最能够说明"开采型"组织未能对外界的变化有所察觉的例子就是Blockbuster。该品牌的视频租赁专营店一度遍及世界各地，而现在则只剩一家（位于俄勒冈州本德市，一个以滑雪和休闲度假文明的小城）。

曾经无处不在的Blockbuster为什么会出现如此惊人的崩溃？原因就是它一直在坚持并试图改进它一直以来所从事的业

务，而没有针对新兴的邮购和数字视频点播服务（VOD）进行创新。这就是为什么你现在会选择奈飞（Netflix）等在线平台观看喜欢的电影，而不再去租用大塑料盒子装着的DVD碟片来看电影。

别再继续你一直在做的事

规模和生产力，这两个要素只能让你走到现在的位置。如果银行要向前迈出必要的一大步，还需要从另一种企业——占我们研究8%的"探索型"组织——那里去学重要经验。

这些组织的规模通常比"开采型"的企业更小、更简单，它们专注于实验探索、承担风险、发现和创新，在不确定性的环境中也更为灵活和自如。虽然这些组织仍在努力提高效率，但它们关心的大事是创造一个培育环境，激发更多有趣的创新。这就是金融科技公司所处的世界，在这里，速度和创造力最为重要。

然而，尽管这些公司具有初创企业的心态，它们同样也面临初创企业的问题。也就是说，它们在市场上缺乏知名度，没有足够的能力挑战根深蒂固的现有企业，难以大规模复制其早期的成功；它们还面临着任何早期探索者所面临的共同挑战：它们进入未知的世界时，最早遭遇那些饥饿的掠食者。

当然，无论是"探索"还是"开采"，其本身都没有好坏之分，它们都有各自的益处。此处的主要问题是要保证合适的平衡，以便能够充分地运用每种方法的好处。如果你能够做到，那么不仅会取悦短期的利益相关者，而且还能探索创新的途径，为未来的转型和商业的成功奠定基础。

有一类特殊的组织能够非常好地做到这一点，它们就是同时以开采和探索为导向的组织。换句话说，它们不断地进行实验，充满好奇心，同时寻求优化业务效率。它们正是传统银行现在亟须成为的二者兼顾（或是左右逢源）的组织。

亚马逊是表现最好的"两面派"之一，过往15年里每次融资时其估值一直在不断提高，对于其真实赢利情况，15年都没有显山露水。谷歌和3M公司也是左右脑能力一样强的公司的代表。然而，在金融服务领域，很少有这么"二者兼顾"的组织。高盛（Goldman Sachs）则是例外，它一直在致力开发新的商业模式、探索新的伙伴关系，以灵活的方式执行。桑坦德银行也将其业务划分为"油轮和快艇"两条线，这也反映了银行的两面性。虽然人们在争论摩根大通是否真的二者兼顾，但它按照这些思路重塑其业务和收入模式的方式，同样令人印象深刻。

显然，成为更加灵活的组织对任何银行都有巨大的价值。银行既要实现短期成果，又要通过优化所需的结构、能力、技术和人才基础使自己在极度混乱的市场中保持竞争力。如果你处在不灵活的传统银行模式中，这一切均不可能。

虽然有许多学术框架说明组织如何在混乱的时代创造优势，但没有任何一个学术理论能够提供可持续的行动计划来实现这一点。每家银行都受到不确定性、复杂性和模糊性（所谓"VUCA"）的独特挑战时，试图遵循某些通用的、一维的、现成的计划是行不通的。简单地寻求用"敏捷"的新体系和流程来取代旧有体系和流程，并不是大多数大型复杂公司的解决方案，因为这会带来混乱，并影响创造价值的活动。

如何变得"二者兼顾"？

二者兼顾的组织总是希望平衡两个要素——绩效空间（Performance Space）和创新空间（Innovation Space），正如图5-2所示。如果传统银行要获得必要的喘息空间，积累通过创新重塑其业务所需的资金，则必须同时关注这两个因素。

绩效空间的重点是提高生产力，这也是传统银行宣称的他们相当擅长的事务。尽管他们往往追求一般性的成本削减，而不是找到某种方式，从更少的事务中获得更多的价值。正如可持续增长率模型（SGR）中所规定的内容，增长应该以可行、合理的节奏寻求，如此才能增加而非破坏价值（图5-2）。

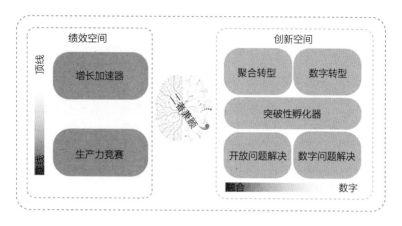

图 5-2　平衡绩效和创新

二者兼顾的银行需要平衡生产力和增长方面的短期业绩改善与长期转型：后者要求他们利用数字技术进行创新、解决问题，利用不同部门和行业的融合创造突破机会。

创新空间是变革的引擎，也是一个新型、重塑的银行诞生之处。在创新空间中，组织开始从以前的业务模式转变为更轻资本的方式，运用最好的技术解决方案。这是传统银行能够与侵入其后花园中、快速发展的金融科技公司保持距离的唯一方法。

换句话说，此处的重点不仅仅是变得"数字化"，这本身既不是一种战略也不是一种商业模式。相反，真正的重点是通过全新的眼睛看世界、创造性地解决问题并带来新的差异化机会。稍后，我们还将探讨如何利用我们前面提到的"突破性孵化器"实现这一目标。"突破性孵化器"基本上可以说是一个新想法或新概念的孵化器，可以安全地测试新颖的新产品和企业。

然而，归根结底，如果银行要实现自我转型，必须拥有一个重要的部分。如果没有正确的领导人掌舵，这一切都不可能实现。

"二者兼顾"的领导者

传统银行当然很有可能已经有合适的领导人在管理，但这是不可能的。毕竟，如果你的转型道路并不顺利，你为什么还要坚持跟随那些监督你又误导你到一个你不想去的地方的人呢？

为自己辩护时，现任者可能会说，现在正处在动荡之中，还不是开始任何转型的时候。他们可能会争辩说转型将会破坏一如既往的稳定，但这种说法忽略了一点，因为我们所需要的正是彻底的转型。如果他们觉得自己不能或是不愿参与其中，他们应该离开，为那些真正可以做事的人腾出空间。否则，他们会发现自己正在快速失去客户和市场份额。

如果银行要到达新的应许之地，高层需要的是鼓舞人心、具有企业家精神、不满足于一成不变的领导者。这段转型之旅需要一个理解变革的必要性，并愿意承担风险，以不同的想法来实现变革的领导者。

换句话说，创造二者兼顾的组织需要同样二者兼顾的领导者，他同时接受左脑和右脑两种方法。他们必须以开采为导向，以实现短期股东回报，从而筹集资金，同时实施以探索为导向的愿景，重塑银行的未来。

毫不意外，转型需要相当不同的领导者——并非来自标准银行模式的人。首先，他们并不过于谨慎或本能地厌恶改变，有勇气成为（变革的）催化剂，而不仅仅是模仿别人的做法。他们不满足于简单地与老派的同行相提并论，这种过时的思维只是生存模式，仅此而已。

如果他们要制定合适的生存、转型和增长战略，他们不能仅仅声称自己颇具"前瞻性"，能够认识到行业大趋势，勾画出可能的选择。此外，他们还需要深入了解银行业的现状和可能的情况，从大量不相关的信息中抓住真正的本质。成功的多面手CEO需要知道如何抓住他人复杂的意见背后的本质和内容。即使是在不完整的信息基础上做出决定时，他也不会因为害怕犯错而束手束脚。

所有这一切都意味着二者兼备的领导者必须是创新者和优化者的混合体，能够解决我们上面所阐述的"探索—开采"困境。解决这个问题需要在大型传统银行中复制数字初创企业的动能和创新技术、风险承担和实验，同时从传统金融机构中开采最大的利益。这就意味着这样的领导者必须是一个真正的企业家。

他们必须不排斥技术，因为他们相比首席信息官（CIO），实际上负责引领全部数字化转型。

当然，领导者还需要愿意为一连串经常相互冲突的管理任务、举措和目标负责，不仅需要"数字思维"，还需要掌握传统的银行技能。高度熟练地掌握战略优先次序和项目管理也在变革时期变得尤为重要。如果这些还不够的话，他们还必须是冲锋在一线的救火队员，能够处理突发事件，同时保持组织的一致性并始终走在正规。

纵观银行的历史，在重大变革时期总是很可能产生误解。诚实和透明是消除误解的关键，以免利益相关者感到不知所措或焦虑。没有什么比未能兑现承诺的回报更能快速削弱信任和信心。

在开始银行转型时，高层管理人员的沟通再细致也不为过。转型不力往往是由于沟通不力，未能向紧张不安的利益相关者传达转型背后的动因，或是向他们传达相关的战略、时间表和预期的痛点。因此，CEO必须是一位出色的故事讲述人，能够通过强有力的叙述清楚地阐述组织的愿景，在管理期望的同时灌输信心。

二者兼顾的CEO需要激发几代员工的行动，通过制订一项立足于每天的现实情况的、雄心勃勃但令人感觉可以实现的行动计划，为整个转型进程注入兴奋感和自豪感。如果领导者能够成功地传达真正的机遇，而不是单纯地传达对工作岗位迫在眉睫的威胁，他们就可以更深入地安抚员工、提高员工参与度。

正如领英（LinkedIn）的首席运营官丹·夏皮罗所言："如何才能在这个新经济时代成为一位伟大的领导者？在某种程度上，它可以总结为几件事。他们是否建立了伟大的团队？他们是否了解技术对企业的影响？他们是否能够适应业务发生的速度？他们能否同时关注高低层次的运作？他们是否有能力在整个组织内构筑信任以完成工作？"

不幸的是，找到一位在所有这些方面都符合要求并了解银行业的领导者并非易事，当许多银行业高管对变革的前景缺乏信心时，情况更是如此。专业服务公司普华永道（PwC）的一项全球研究发现，虽然接受调查的高管中约有70%认识到拥有对行业未来到达点的清晰愿景的重要性，但只有约一半的人认为大型银行最终可以成为赢家。几乎是在开始之前，他们就已经为失败做好了准备。

寻找合适的领导者

那么，银行寻找的新领导者应该具有哪些特质？麻省理工学院斯隆管理学院（MIT-Sloane）的一项研究可以给我们提供一些线索。研究发现，数字经济的高效领导者拥有四个不同但相互关联的角色。

第一个角色，是"生产者"，能够利用分析、数字知识、执行和结果来加速创新、改善客户体验。

第二个角色，是致力于实现长期可持续增长的"投资者"，而不是短期的股东回报。他们知道企业可持续发展背后的原因，真正关心他们经营的社区。正如在BBVA中，员工福利拥有其实际意义，而客户不仅仅意味着收入来源。

第三个角色是"连接者"。他们需要善于建立伙伴关系和网络，这对提升组织的有效性非常重要。这种连接者的心态有助于领导者在短时间内将纷繁复杂的利益、个人、职能、公司、地域和行业联系起来。摩根大通集团的CIO洛里·比尔（Lori Beer）表示："如果领导者不能掌握公司内部和外部的合作关系，公司赢得客户业务所需成果的产出就会受到限制。"

第四个角色是"先驱者"。他们拥有好奇心和创造力，善于处理"二者兼顾"的情况，因为他们喜欢不断试验。拥有探索者心态的领导者的组织培养宽容的文化，鼓励好奇心和探索、包容失败的创新。探索者的目标则是建立令人惊奇的社区。新加坡最大的银行星展银行（DBS）的首席执行官比于什·古普塔（Piyush Gupta）就是这种角色的典范。他提出的口号"生活随兴，星展随行"（Live more, Bank less）支撑了被认为是覆盖最广的转型计划。

今天，完成重塑的DBS的特点是为用户提供简单、轻松的服务。这一点是如何实现？正如古普塔所解释的："我发现，一旦给人们提供许可和一些培训，他们就会释放出做事的巨大能量。"

董事会的作用

一位致力于带领银行完成重大转型的CEO必须首先向董事会提出一个强有力的商业案例。银行的重生将涉及对所有业务线、内部能力和组织文化的巨大颠覆，而这绝非轻而易举的事。

相反，由于发生了从资本支出模式（主要投资于实物资产）转变为运营费用模式（主要支出于业务运营），需要耗费多年努力的转型将会使整个银行处于紧张状态。转型很可能导致短期利润下滑，因此领导层必须得到银行董事会的支持，并可能得到主要股东的支持。如果高管和董事不能步调一致，那么转型将很难成功。

不幸的是，董事会和最高管理层并非总是保持一致。一旦出现不一致，这种变化可能会构成决定数字化转型是否有效的真正障碍。一家面向公司董事会的教育机构，公司董事会成员（Corporate Board Member）对200多位上市公司董事进行的一项联合调查显示，董事们对数字化转型的含义及其涉及的内容的理解可能存在很大不同。高管们更倾向于认为，他们需要专注发展新的能力，使品牌现代化；而董事们则表示，他们的重点主要是需要转变核心业务模式，重新定义公司。这种分歧意味着董事会往往比领导银行的人更为开明。如果确实如此，董事会可能很快就会确定他们需要更换最高领导层的有关人员。

董事会可以通过选任拥有必要转型能力的CEO，发挥其创建兼容并蓄的银行的核心作用，即使这一作用背离了他们对领导者本来的期望。只有当董事会认识到他们必须改变自身以反映新的环境时，改变才会在整个行业里真正发生。

许多地区仍然倾向于让同一族裔的领导者主持银行的最高领导层，而这与未来银行业的雇员的变化趋势，以及更广泛意义上的社会人口变化形成了鲜明对比。

好消息是，在许多银行中占雇员大多数的妇女，现在已经越来越多地在这些组织中担任高级管理职务。

同时，还需要招募来自不同背景、具有不同技能的精通技术的董事，因为在今天的董事会中，他们的存在都太罕见了。如果没有他们的存在，银行将更难摆脱其原有的行事方式或重塑董事会对风险的偏好。

如果董事会想要刺激变革，它必须引入新鲜血液并变得愈加多样化。研究清楚地表明，拥有更多年龄、性别和种族，以及更深入的技术技能和数字敏锐度的多元化团队的绩效更佳，对于挑战阻碍董事会变革的传统预设和思维方式至关重要。多元化将有助于避免落入使得许多大型组织与业务和市场不同步的"群体思维"陷阱。

大公司可能面对的真正问题是，即使高级管理层同意促进更多的创新，但僵化的流程和传统的政策可能会阻碍转向探索模式。

这是否意味着二者兼顾的组织需要一种新的治理方式？我们认为答案是"是的"。虽然简单地继续沿用现有的方式是一个明显的诱惑，但是我们认为这将是一个错误的决定，因为它可能会过分强调管理和控制，而非鼓励有创造力和好奇心、精通数字技术和有分析能力的领导者采取动态和自由决策的行动。

成为转型的拥护者

为了实现这一飞跃，每个董事会成员都必须成为转型的拥护者，准备并愿意"想他人不敢想之事"，促进组织的全面重塑。

然而，即使已经保持了正确的心态，董事会还必须确保分配足够的时间和资源。如若不然，这个过程将因投资不足而受阻：这也是转型失败占比最高的原因之一。

例如，法国巴黎银行于2013年5月推出的Hello Bank的目标是在2017年之前积累140万名客户，其中2/3是现有账户持有人之外的新客户。但该银行在两年内只投资了8000万欧元用于开发和激励新的实体。这一金额远远不够，无法充分发挥作用。

变革从未止步

即使CEO、高管和董事会非常和谐，实施任何转型——更不用说激进的、改变游戏规则的剧变——都会带来极大的颠覆，影响其业务模式、财务结构、流程和员工。即使你采取了所有正确的行动，要达到所需的目标也绝非一蹴而就的。你需要准备好迎接一场长达数年的艰苦跋涉。

澳大利亚联邦银行（CBA）规模并不算大，即便如此，从开始转型到成为一家以技术为主导的银行、占据市场领先地位也花了15年时间。为了达到这个目标，CBA彻底地改革了收入、分销和技术模式，同时改造了全部内部流程，以最终实现理想的客户旅程。

考虑到银行即将（在转型中）面临的压力，整个领导团队有必要建立良好的相互依赖关系，以保证相互理解、步调一致。作为其中的一部分，董事会需要适当地参与到战略规划的过程之中。虽然监管机构会表示他们理应推动这项工作，但大多数金融机构的董事会成员可能从未参加过实质性的规划会议，更不用说深入运营事务，或是参与技术决策了。

这种情况必须改变，尤其是涉及技术事务时。技术不再仅仅是一个后台的考虑，而且是作为一个企业取得成功的主要途径。随着新技术以前所未有的速度出现，此时此刻，董事会成员需要增进了解、参与其中，否则将没有能力指导、监测、衡量和审查正在发生的事情。他们越是了解这个新环境，就越能提取并理解他们所需要的数据，相应地调整他们的战略思维。

成功的回报

毫无疑问，在这种转型项目中可能会出现错误，这时就需要董事会给予真正的宽容。董事们必须愿意接受、适当鼓励承担某种程度的风险。例如，CEO不应该因为超出预算而不分青红皂白地受到惩罚，因为改变现状需要付出的投资往往超过最初的预期。

当然，董事会显然还需要进行监管，必须确保银行的审计、薪酬和风险委员会已经准备好、愿意并且能够对任何错误的举措及时踩下刹车。但是，考虑到CEO角色的整个性质将发生改变，转为接受风险，董事会必须重新评估相应的薪酬计划，例如，确保（合理范围内的）失败不会受到不当的惩罚。如果高管的合同仍然纯粹基于短期的结果，那么即使存在迫切的转型需要，CEO也没有动力启动激进的转型进程，因为这种转型进程往往涉及对传统信息技术重大投资的注销，影响报表上的短期收益。

为了实现有效转型，激励措施包括提供数倍于银行业传统的奖金，新创企业慷慨地给出股权也是同理。这一激励措施已经被平安集团这样的公司证明行之有效。价值900亿美元的平安集团是中国数字保险领域的领先企业之一。

无论采用何种激励方式，评价的标准都应该基于具体目标和硬性的、可衡量的数据，而不是模糊不清的远景。如此，就可以根据合适的关键绩效指标（KPI）来监测、评估CEO取得的进展。

指标体系不一定需要多复杂或太多数量，但需要可量化、准确，且具有相关性。事实上，银行应该避免拥有太多项指标，因为它们可能导致目标出现冲突。

因此，他们可以专注于衡量用户采用情况：客户开始使用新数字产品和服务的速度、难易度和效率；或是衡量领导层的参与度：关键职能部门的领导人在多大程度上接受并成功运用了数字化转型；净推荐值（NPS）：衡量客户向他人推荐或推广新的数字产品和服务的热情；当然，还有最重要的客户体验：新的数字用户是否完成用户旅程或是否将业务转移到别处，后者可能表明用户友好度不足或客户支持不善。

如果一切顺利，这些指标将为CEO带来积极影响，然而，它们很有可能不会，因为不仅仅是技术计划，所有大规模的商业计划都有70%的失败率。这也许比任何数据都更能说明，真正能够做到二者兼顾的领导者十分罕见。

当然，即使转型成功，可能也是时候向帮助你完成转型的CEO告别了。这并不是某种抛弃友军的不忠诚行为，而是认识到，带来彻底变革所需的技能可能不是监督随后的稳定和增长阶段所需的技能。董事会需要认识到，寻找合适的转型领导者实际上是一个步步为营的过程，每位领导者需要完成自己的工作，之后把接力棒交给具有不同技能的其他领导者。

伟大的创新者并不一定是伟大的管理者。建立、推动数字企业发展的创新者往往必须由更有经验的人取而代之。在加利福尼亚州的车库中创造出革命性新产品的、身穿T恤的计算机天才，很少能成为引导企业走向全球市场的经验丰富的商业领袖。当学者诺姆·沃瑟曼（Noam Wasserman）分析212家美国初创企业时，他发现一半的创始人不再担任CEO。

CEO，大不同

拥有正确的领导者可以使一切变得不同。咨询公司德勤（Deloitte）的研究表明，掌舵人对银行价值的影响高达35%之多，主要取决于领导团队的进取心。

因此，至关重要的是，CEO需要拥有变革愿景，将银行带到新的到达点，而非在此过程中将其彻底摧毁。

某些大型银行的CEO相比其他人更有能力应对这一挑战。戴夫·麦凯（Dave McKay）重新构筑了加拿大皇家银行（RBC）的领导力，是一个成功的案例。

当麦凯在2014年成为加拿大皇家银行的CEO时，这家位于多伦多的全球金融机构的状况良好。按市值计算，它是世界上第14大的银行，在加拿大的消费者贷款、商业贷款、商业存款和长期共同基金等方面处于领先地位。

然而，麦凯担心，该机构150年的丰富历史遗产将会使其自满，过于依赖旧有商业方法，而这对其未来的发展百害无益。

随着新技术不断重塑传统的竞争者以及新兴企业的资本不断累积，麦凯清楚地知道他必须为未来做好准备，同时还要应对"一群因害怕失败而不愿制定大胆目标的领导人，而这本不应该是我们的文化"。

因此，正如他在一次采访中所讲述的一样，该银行"引入了一个新的领导模式，用明确的语言要求领导者制定、阐述更远大的目标，以更有雄心的方式进行领导。我们鼓励他们接受犯错，对团队说'我们不可能永远不犯错误'，并允许有失败的空间。而我最引以为豪的是，我们利用这个机会彻底地重塑了组织中的多样性和包容性。在进行了人员变更的高级职位中，50%或更多的职位由女性担任。对我们来说，这是重塑多样性和包容性的一个具体体现。我们的客户满意度达到了前所未有的高度。包括股东总回报（TSR）在内，我们所有的核心指标都从这种转变中获益"。

为了帮助银行从专注于紧锣密鼓的传统运作中转移出来，麦凯邀请加拿大皇家银行在全球的8万多名员工参与在线愿景和价值观的讨论。最初由IBM首创的全员练习，引导员工通过促进讨论和辩论，讨论组织的指导原则、核心价值和总体目标。

在此基础上，麦凯开始将新的企业文化与新的愿景相结合。他召集了一个核心团队，共同构建一个新的领导模式，重点鼓励那些对未来的成功至关重要的行为。一旦建立起了新的模式，还需要同步建立一个绩效管理和成长体系，以确保新的模式能够维持下去。

麦凯敏锐地意识到，加拿大皇家银行的大部分变化必须来自作为榜样的CEO们。正如麦凯所述，他们把自己变成了"为带领的团队设定更大胆的愿景和目标，愿意将失败公开、承担某些个人风险的领导者"。

加拿大皇家银行的领导模式鼓励人们对创造价值的新方法保持开放态度，降低复杂性并加速决策的制定。

此外，这种新领导模式的另一个目标是减少银行的等级制度区分，实现某种程度的扁平化管理。员工被邀请与直属上级的上级分享他们的想法和见解——这隐含了一种认识，即在数字生态系统中，领导者并不掌握所有问题的答案。"你必须转向一种开放、可以构建伙伴关系且真实的文化，"麦凯说，"因为在过去40年里，强大、自信、独裁的CEO的观点往往是非常有效的，而现在已经行不通了。"

通过重新设计它的等级结构，加拿大皇家银行变得更加包容、多样化，也更加看重团队的意义。它变得更加灵活，能够在此前未曾设想之处发现更多价值。

在将加拿大皇家银行转变为一个灵活的、以目的为导向的公司的过程中，这一举措也激发了员工的热情。

"这样一来，关注点不仅仅是关于你的产品、服务以及输赢，"麦凯说，"员工感受到能够帮助和回馈社会的使命的召唤。我们的实力强大与否取决于我们的客户，而我们客户的实力又得益于他们生活和工作的社区的发展。因此，我们与客户所在社会休戚与共，我们之间的利益紧密相关。"

从各方面来看，加拿大皇家银行改革后的领导模式都是成功的。它不仅为可持续增长创造了条件，同时也带来了高于平均水平的股东回报。员工的参与度达到了历史新高，银行在客户满意度和忠诚度方面也取得了很高的评价。

银行的转型为今天的企业领导人上了一课，他们承认，他们现在并不认为他们的公司已经准备好，或是有能力克服这些复杂的障碍。

麦凯的领导团队体现了我们所期望的四种领导思维：投资员工、客户和社区（投资者）；打破固有常规，变得更加开放、好奇（先驱者）；鼓励更多合作，邀请广大员工参与战略决策（连接者）；增强他们的数字能力，同时密切关注产出（生产者）。

苏格兰皇家银行，一路走好

刚刚我们讲述了加拿大皇家银行的成功转型，接下来，让我们把它与苏格兰皇家银行及其CEO弗雷德·古德温（Fred Goodwin）史诗般的失败进行对比，来看看二者之间到底有哪些异同。这场史诗级大溃败使得这家拥有294年历史的苏格兰金融机构彻底退出全球投资银行业的历史舞台。

灭亡的种子其实早已在企业内部文化中播下。相比于对客户利益和稳定性的关注，他们的文化认为销售高收益（可能伴随高风险）的金融产品更为重要。虽然苏格兰皇家银行不计后果地急速扩张，因为它认为规模越大越好，但是它为收购其他银行付出了巨大代价。就这样一路累积，银行的资产负债表膨胀到了惊人的2.4万亿美元，几乎相当于2008年德国的经济总额。

能够放任这种情况出现的原因其实很简单，可以归结为两位CEO——古德温以及他的前任乔治·马修森（George Matthewson）令人昏厥的糟糕领导。这两位都在极为狂妄自大地寻求规模的增长。

当2007年出现信贷紧缩时，银行大量的投资风险出现内爆，英国政府（英国纳税人）不得不把手伸进自己的口袋，拿出了总金额为455亿英镑的救济金，这是不太可能收回的资金。

英国金融服务管理局轻描淡写地表示："苏格兰皇家银行的管理层和董事会无疑做出了许多决定，至少回过头来看，是非常糟糕的。"考虑到两位CEO都没有任何直接的银行业从业经验，这种结果也并不令人意外。

如果我们一直在讨论的非银行金融机构也承担了类似的风险，它们很可能不会受到类似的监管制裁。而且，它们的错误决策的影响主要集中在投资方和从业人员，而对广大纳税人的影响则会小得多。

考虑到CEO的优劣对银行命运的致命影响之后，现在是时候思考所有二者兼顾的领导人都需要努力解决的第一个挑战了——如何提高生产力。

第六章

改善你的
绩效

以前的银行模式，即"先建立业务，再识别机会"，已经不再可行，因为犯错的代价太高，随之而来的声誉损失也令银行难以承受。因此，我认为要想在所有地方开展所有业务已经不再可能。当然，就竞争力和对市场机会的把握而言，规模仍然很重要，但是银行现在需要把重点放在它们想要参与竞争以及能够真正创造价值的领域，同时考虑到该地区或国家的监管环境。这意味着银行需要判断哪些才是适合投资和扩大规模的行业、市场和机会，以便能够相应地对资本进行分配。

——节选自新加坡银行CEO

博林·沙里（BAHREN SHAARI）

与理特管理顾问公司的访谈

那么，让我们再回顾一下现在的境遇。

传统银行面临的难题是这样的：为满足利益相关者的短期需求并维持生存，传统银行必须创造收入。同时，它们还必须采取措施将自己转变为一个能够与颠覆性的金融科技公司相抗衡的组织。

然而，它们并不能从资本市场获得所需要的资金，也不能再依靠经济增长或利率差把它们从深陷的经济泥沼中拯救出来。而且，随着新冠疫情之后的不良贷款浪潮，它们只会越陷越深。银行面临更多坏账的威胁，无疑会增加对资本的需求以弥补随之而来的损失，从而使得市场更加失望。

如果这还不够艰难的话，新竞争者们也正在扰乱市场。此外，还有不断增加的监管合规成本。由于欧洲央行等监管机构要求银行停止派发股息、避免股票回购，或是给予其他形式的股东报酬时并没有给予任何鼓励，因此银行的估值只会进一步降低。

在此背景下，全球的银行至少需要在未来5~10年内保持赢利能力，能够提升则是最佳。如果银行不能强化它们的资产负债表，它们将很难找到投资者或资金来完成数字化转型。这一点至关重要。

以正确的方式削减成本

如果建立底线是当务之急的话，一种方法就是提高生产力，而提高生产力的第一步是考虑削减成本。过去十年许多银行已经在这么做了。如果我们将视角投向美国，银行管理费用（一般称为"非利息费用"或"非利息支出"）在资产规模中的比例一直在稳步下降。自2013年以来，资产规模在10亿~100亿美元的大型社区银行下降了36个基点，而资产规模超过

100亿美元的银行也下降了37个基点。

然而，虽然这些努力使得业务成本有所降低，但是也抵不过不断增加的监管合规成本。2010年至2018年，监管合规成本使欧洲和美国的银行运营成本提高了6%~8%。

面对这些不断膨胀的数字，许多传统银行的本能反应是将一般性的成本削减作为首选解决方案。虽然这种方法可以暂时缓解燃眉之急，允许高管们拍拍屁股走人，但这种"刀耕火种"最终只会削弱组织的长期性。更重要的是，这种方法实际上根本不能起到任何作用，因为用不了多久，这些潜在成本将不可避免地重新攀升。

尽管如此，许多银行需要进行大规模缩减，这一点是确定的。事实上，根据我们的研究，如果想保持价格竞争力，某些银行需要在2022年之前将其成本缩减一半。

而缩减成本的压力也越来越大，因为金融科技公司的战略是使用掠夺性定价来迅速扩大客户群，然后向其销售专有或第三方产品。这就是原生数字银行N26和非银行金融机构Revolut的商业模式。

当然，许多银行可能会表示，他们正在努力提高生产力。不幸的是，他们的提效举措受到为所欲为的"800磅大猩猩"——他们的传统技术——的阻碍。

摆脱"寄生虫"

那么，如果说一般的成本削减不是正确答案的话，那么什么才是呢？

也许更好的出发点是思考如何降低组织内部的复杂性，因为过高的复杂性不仅会推高内部成本，还会降低服务质量。从本质上讲，银行无疑属于复杂的企业，但他们通过创造极为复杂、成本高昂的运营模式，让情况变得更糟。银行背负着多条业务线以及过多针对不同客户群和地域的产品，通过各种无效的交付渠道进行分销。

银行推出新产品时，往往很少考虑它们如何真正为客户增加价值，也很少淘汰旧的、过时的产品。对繁复枝叶不加修饰意味着，银行的投资组合中拥有多年来囤积的数百种基本多余或完全过时的产品的情况并不罕见。

如果没有什么额外成本的话，拥有一长串过时产品可能就不会那么重要。不幸的是，这种毫无节制的全面覆盖是有代价的。

所有这些产品组合需要各种管理流程和风险评分模型来处理万花筒式的功能、信贷条款、利率、支付方式、价格、折扣和捆绑产品，所有这些都不可避免地抬高了成本。

前台工作人员不得不在客户互动和交易处理上花费更多的时间，而中台和后台团队则被迫无限期地维护臃肿的投资组合。人员的大部分带宽都花费在维护监管合规上，而这些可能很快变得无法管理。

所有这些其实都是白费力气，也是对资产负债表的消耗。相反，传统银行现在需要补足资金，以应对疫情的后果，包括不良贷款的大幅上升。

事实上，这些繁复的产品中很少有值得保留的，因为它们往往不能带来实质性的销售。2020年，普华永道的一项调查发现，银行超过80%（甚至可能更高）的收入来自仅仅5%的产品。

改革产品组合以剔除表现不佳的产品，在很多方面都是合理的。"少即是多"——正好是现代商业模式的对立面——应该成为传统银行的指导原则。

更加精简、更加标准化的产品组合可以削减成本、加快产品上市时间、增加透明度、提升日常运营控制水平。产品合理化本身可能并不一定直接会带来明显节约，但是与失去管理的产品组合有关的技术成本则可能会明显降低。

通过重塑产品组合，银行可以更好地平衡利息收入和费用生成，帮助从劳动密集型的立场转向更注重资本的模式，以应对颠覆者的竞争。

虽然专注"核心"投资组合而不是"花里胡哨的东西"确实更好，但对习惯于生产无穷无尽产品的银行来说，这种变化可能很难。一些银行家认为产品的高复杂性对他们来说是件好事，因为它可以创造某种进入壁垒，从战略上防止竞争压力。对于那些被这种薛定谔的复杂性所迷惑的许多客户来说，这当然算是进入壁垒，但是它对阻止金融科技公司的发展并没有起到多大作用。

事实很清楚：如果传统银行要重塑自身，以便与数字颠覆者竞争，那么再怎么强调简化的重要性也不为过。

银行可能成为精益组织吗？

基于前面这些内容，你可能会想，如果银行要少花钱多办事，他们应该成为精益组织，专注于通过零浪费的流程为客户提供完美价值。这是完全正确的，因为银行不过是各种流程的综合体，这种方法没有理由不奏效。

采用精益运营的金融机构表示，在采用精益运营的12~18个月内，成本降低了20%~30%，且成本效率比低于行业平均水平。可能这不是非常令人惊讶，因为在金融服务领域，至少有40%的成本来自没有为客户提供附加值的浪费性活动。

好消息是，与银行的其他流程改进方法不同，精益银行不需要大量的资本投资。精益原则可以与不断改进的公司文化无缝衔接，后者可以使用"六西格玛"等缺陷消除技术进行提升。

采取更为精益的方法使得银行更多地考虑客户价值以及如何将其纳入商业模式的所有领域。关注客户价值就可以发现，不能为最终用户带来收益的活动只是浪费。如果由于某种原因这些活动仍然必要的话，那么它们应该尽可能实现完全自动化。

银行若要对客户需求做出反应，而不是盲目地将产品推向市场，内部系统必须极为灵活、反应时间越短越好。自上而下的指挥和控制结构在拥有多条业务线的大型银行中并不奏效。因此，基于价值的绩效指标可以使管理者能够做出更优的决定。

锯掉旧技术

摆脱表现不佳的产品还会引发一个连锁反应，即对IT成本的影响。一个明显体现就是，银行的IT团队必须花费大量时间不断确保原有的软件语言保持更新状态，以避免历史遗留的产品数据在迁移时出现问题。这件事情本身已经足够混乱，然而，随着了解20世纪80年代或90年代"上古程序"的技术人员总数越来越少，维护这些历史遗留产品会变得越来越困难。除了明显的成本问题之外，维护银行内部设计的历史遗留产品还有着一项隐藏的成本，那就是必须依赖现在正快速接近退休年龄的系统设计师。

广义上说，传统银行越来越受到过时的IT基础设施的束缚，而其中一些甚至已经有近半个世纪的历史。这些数字古董并没有带来任何益处；相反，它们不断给银行带来负担，银行必须持续不断地修补或是完善这些各自独立、并未整合的体系。

虽然有必要将这些旧系统扔进历史的垃圾堆，但考虑到可能带来的巨大影响，许多银行领导者并不愿意打开这个潘多拉魔盒。

不论在什么情况下，如果你的合同只剩下几年的时间，而且可以方便地把责任留给你的继任者，那么为什么还要自讨苦吃呢？在任期之内，你总是可以很方便地拿升级费用太过昂贵作为行之有效的借口，避免这份劳苦。

但是这个借口其实根本经不起推敲，因为自2013年以来，银行业的IT成本已经以4%的复合年增长率增长。不断上涨的成本可能使每家一级银行每年损失超过30亿美元，抹平了人员或房地产方面的任何成本削减。

虽然这一支出处在较高水平，但与大型科技公司的支出相比仍然相形见绌。即使是花钱最多的银行——摩根大通，其支出也不到科技巨头的一半。支出也有明显的国际差异，美国银行在IT方面的支出可能是欧洲平均大型银行的3倍。

在今天的银行环境中，技术落后现象十分严重，已经达到了一个临界点。

对传统银行来说，落后的技术已经成为一个真正的问题。银行被困在旧的"全栈"模式中，却被要求在每条业务线上都保持竞争优势。它们如何能与拥有一流产品的颠覆者正面交锋？不，它们做不到。

虽然在位的CEO拖延变革的时间可能出于人之常情，但这对银行来说确实没有任何裨益。现有的"基于蒸汽动力的IT系统"问题早晚要得到解决。

不关心过时软硬件的组织可能很快就会消亡，它们会发现自己正在凝视着一个资金的深渊。银行只有解决问题这一途径，除此之外不会有太多的选择，因为许多监管机构已经清醒地认识到太多银行没有可持续技术。因此，监管机构可能会要求对银行老旧的IT系统的"临终"管理计划进行审查。

试图维持低效的旧系统运行，可能是一个资金的无底洞，而且，老旧的系统也为网络漏洞和随之而来的昂贵处罚打开大门。事实上，我们的研究表明，银行每年在IT方面投入15%~20%的成本，比例高于任何其他行业。这一数字令人惊叹，因为技术几乎是每个银行和金融流程的支柱。同时，银行正在大力转向技术以取代它们以前耗资巨大的项目——广泛的物理分支机构网络。

谁的技术栈？

互助化（mutualization）——客户成为共享利润的所有者的一种结构性重组——是机构处理不断增加的IT成本的一种方式，允许银行与他人分享技术创新和传统迁移的风险。例如，银行IT成本的很大一部分被用于非常基本的活动，如交易记录和监管合规，而这些活动如果可以大规模进行，则可以完成得更好并且成本更低。图6-1展示了IT成本的相对分布情况。

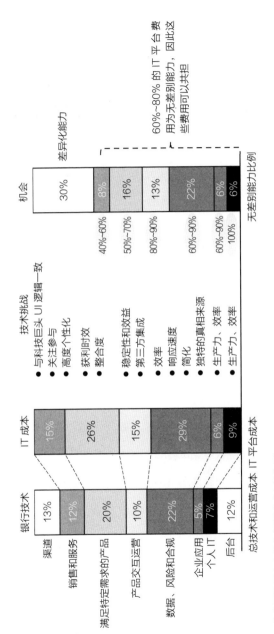

图 6-1 IT 成本的相对分布情况

在传统银行中，60%~80%的IT成本与非差异化的能力有关。技术成本的互助化可以实现显著节约，增加利润而不限制差异化的机会。图6-1显示了银行可以寻求互助化的一些领域。

中小型银行可以通过外包给管理服务提供商（MSP）获得最大收益。某些监管机构甚至鼓励这种互助。例如，新加坡金融管理局正在与几家银行合作建立一个全国性的KYC工具，可以供金融机构降低所有机构的成本。

转向云端

转向云架构是银行在有效满足客户期望的同时实现真正的成本节约的唯一途径。银行别无选择，只能从基于位置的旧系统中进行转换，尽管转换十分复杂，成本很高。

如果银行适当地投入基于云的架构，他们将在获得更多功能的同时降低持续消耗的后台成本。如果不这么做，似乎有点匪夷所思。如果说将数据和应用转移到云端可以削减约3/4的IT成本还不足以激励银行完成技术改造，那么还有什么可以呢？

云计算对于建立"知识驱动"的银行业务至关重要，远远优于所谓的"以客户为中心"的银行业务，后者实际上相比传统的基于产品的银行业务并没有很大的区别。

银行如果想要摆脱对老旧系统的依赖，其中一种方法是在其年度和多年计划中引入"饥饿疗法"模式，逐步减少对旧IT

的支持，然后将这些资源重新部署到银行的转型中。

当然，IT不仅仅是基于云。如果某家银行真的想取得进展，它必须关注许多其他的技术领域，比如说，人工智能就有望为银行带来一系列无与伦比的新能力。《快公司》杂志认为，如果银行更广泛地采用人工智能技术，到2030年可以节省多达1万亿美元。

人工智能是帮助金融机构从劳动密集型商业模式转向更注重资本的模式的基本要素。花旗集团首席执行官迈克·科尔巴特（Mike Corbat）指出，数万个呼叫中心的工作岗位很明显可以被人工智能技术取代。

当然，人工智能系统通常会通过保证更好的工作流程归档和流程自动化来提高银行后台办公的效率。

流程映射可以帮助你建立对业务关键要素的明确认识，帮助识别关键的元数据系统，为个人和部门设立基本任务。当你知道需要保留哪些流程时，你就可以对每个流程进行成本分析，以获得任何重新设计所带来的代价或收益。然后，你可以剔除那些不必要的、不能增加价值的内容，或者看起来仍然有用的话，您可以选择将它们自动化。

我们前面提到的RPA自动化工具是另一种非常有效的技术，非常适合执行重复的手动的、大容量的或基于规则的任务，例如捕获重要的元数据等，尤其适合处理来自扫描文件、手写笔记和图像的非结构化数据。

RPA经常被用于监管合规，以降低成本、提高效率。摩根大通的合规部门雇用了13000人，每年成本超过16亿美元，目的是为了避免违反监管规定。2015年，该银行被处以总计160亿美元的罚款。专门的监管科技（regtech）可以降低KYC和AML检查中的人为错误概率，帮助银行每年节省数百万美元。

数字化的问题解决方案带来巨大收益

旧的信息技术正在拖累传统银行的发展，而接受和利用数字技术至关重要，因为它为许多领域带来了急需的改善，包括：

● 更快地完成任务。这是技术的最大优势之一。能够在几秒内而不是几分钟或几小时内完成通常很复杂的任务，是提高某个组织生产力水平的最佳方式。新技术可以让人们在更短的时间内完成更多的工作。

● 更好的客户关系。通过使用AI系统，银行可以丰富客户体验，增加吸引力，确保客户在需要的时候能够得到需要的信息。AI驱动的聊天机器人和平台，如Salesforce Desk和ZenDesk等，也可以帮助银行更有效地与客户完成交流。如果你能够利用AI创造无缝的客户旅程，你将会获得客户忠诚度作为回报。AR也可以用来为线上交易增加一个新的维度，以前所未有的方式改变客户体验。此外，视频和流媒体直播可以以客户想要的方式提供他们需要的信息。

● 更深入的个性化。创造高度个性化的客户体验是金融科技公司擅长而传统银行却不擅长的。通过使用强大的分析技术，银行可以利用它们获取的数据来提供更好的、以用户为中心的服务。这一点非常重要，因为根据甲骨文公司的数据，86%的客户愿意为更好的用户体验付费。

● 更高的安全性。区块链等新技术可以帮助银行确保数据安全交换。当需要额外的授权层时，可以运用生物识别技术实现，如触摸、面部或语音识别等。

● 更精准的营销。现在的数字营销可以拥有很强的针对性，触达使用特定渠道或媒体的特定客户，或是基于以前的产品搜索和浏览进行营销推广。银行需要在正确的时间与正确的人交谈，而不是在任何时间与任何人交谈，使用技术是实现这一点的唯一途径。

引入AI，光明正大

除了所有客户服务方面的益处，银行还应该将人工智能和机器学习等技术引入其前台、中台和后台运营的每个领域，以实现更好的监管合规。

人工智能是评估运营过程中固有风险的完美选择，它的预测能力比通常的逻辑回归技术更强，可以更好地了解大量数据中的复杂关系，从而更早地给出警告信号。人工智能技术，相比于通过人类专家的近似法、试错以及有根据的猜测而不断完善的次优的启发式（"实践学习"）技术有着明显的优势。

这里存在的挑战是，监管机构希望能够严格控制信用风险，而监管者并不希望不透明的"黑箱化"算法运行，因为没有人知道它们到底如何得出解决方案。

但是，虽然这些技术能力带来了实实在在的好处，但如果它们仅仅局限于几个孤立的领域，就不会大幅降低整体运营成本。例如，对某家银行来说，在关闭账户过程中实现20%的效率提升本身就是一个很好的结果，但是，如果这个过程在总运营成本中的占比不到1%，那就不会带来很大的变化。同样，你可以使用智能工作流程工具来实现企业信用评估的自动化，在此过程中提高80%的生产率，但如果只在无关紧要的地方这样做的话，银行的综合成本将很难降下来。

让客户像分析师一样思考

AI技术的真正价值体现在其分析复杂客户数据、挖掘隐藏的见解的能力。正如我们所见，传统银行如果想要在恰当的时间为正确的客户提供正确的产品，就必须擅长于此。

在更复杂的层面上，人工智能助理可以预测和回应客户的需求，为他们提供更多的"战略性"金融知识。如果用户正处怀孕状态，为用户提供产假津贴；如果用户登记看房，提供合适的抵押贷款；如果用户预订航班，提供旅游保险；如果用户的车险即将到期，提供车险报价。这些都是银行可以通过使用人工智能技术为客户提供的小规模服务，而且有助于为用户创造他们正在寻找的流畅的交互体验。给用户提供的这些"优质接触点"越多，用户就会越重视你而非其他竞争对手。

在安全方面，人工智能也可以发挥作用。例如，对所有银行来说，KYC是一个持续不断的挑战。随着不法分子使用的技术不断发展进化，欺诈已经变得日益错综复杂，情况也越来越多。

而现在，随着监管机构承担义务，银行正被迫在其KYC系统中投入越来越多的资金。银行被迫扩大基础设施，以存储越来越多的客户数据。这些数据可以通过复杂的分析方法进行梳理，以发现欺诈者，并避免误报。生物识别技术、技术赋能的基于行为的安全工具等处理技术将变得越来越重要。

但目前，大多数银行的IT系统和架构还没有足够的可扩展性或灵活性，不足以来完成所需的数据收集、挖掘和分析。欧洲银行管理局（EBA）的一份报告指出，预测性分析和规范性分析的应用仍然处于"早期阶段"，目前只有1/10的银行正在使用这些分析，而1/4的银行仍然在使用基本的历史报告数据。

万幸的是，这个问题并非无法解决，因为合适的软件很容易获得。真正的问题并不在于技术，而在于数据的保存方式。

由于银行围绕着贷款、储蓄账户和抵押贷款等封闭的产品领域来组织它们的业务部门，因此，大部分数据都存在于互不相连的数据孤岛（data silo）结构中。

以数据孤岛形式存在意味着数据难以被转化或运用，因为必须为新产品构建新的应用程序，这也就产生了额外的流程和成本。同时，像这样把数据孤立、分散地存储在不同的地方，也阻碍了大数据工具的使用，如果你想要真正地为客户提供个性化服务，就需要实现不受限制的访问来深入了解每个细节。因此，银行必须加强内部内容管理，确保信息能够及时流向有需要的地方，而不是卡滞在每个部门的孤岛之上。

这就是为什么现在先进的银行设有内部团队负责分析业务流程，分辨哪些有价值，哪些没有价值。一些大型商业银行，如花旗银行和富国银行等，设有专门负责此项事务的卓越中心（center of excellence）。

已经将人工智能嵌入其消费者和批发业务的银行，可以提供更加个性化和相关的解决方案并从中受益。

输入垃圾，输出糟粕

任何没有充分利用分析和数据的银行都会置自己于不利地位。

虽然数据本身很重要，但其质量同样至关重要，因为后者会对任何分析模型的结果产生重大影响。无论你的人工智能系统有多强大，如果数据质量太差，都可能会产生巨大的负面影响，尤其是涉及监管合规问题时。

数据不准确的主要原因之一当然是人为错误，每当手动输入或在系统之间转移信息时，都有可能会出现低级错误。

另一个原因就是数据量太大。一家大型银行的数据量可能会达到令人难以想象的程度，成千上万个相互交织的数据集，使得洞察数据变得困难。银行往往也无法有效地利用它们所拥有的数据或是测量和整合来自物联网（IOT）、机器人和虚拟现实（VR）等第三方平台或技术的数据。

除此之外，如果不确定你手上数据的及时性，决策者就不能确保他们是根据最完整、最准确的信息作出判断。当信息被分散在各自不相干的系统、应用程序和设备中时，可能会出现问题。相反，银行需要一个集中的存储库以存储来自整个组织的所有信息。

当然，银行也需要有分析能力的人去理解这些数据。不幸的是，他们往往难以招募到这些人才。这一点，我们将在后文详细介绍。最终，拥有最佳算法的人将成为"山林之王"。而现在，颠覆者才有最好的技术故事可讲。

许多银行只是刚刚开始意识到这个事实，他们也许还没有时间或资源来开发这些系统。他们只能重新开发常规的高级内部评级法（AIRB）风险评估模型。这里，银行可能会想利用金融科技公司的专业知识来帮助填补空白，这一点后文也将谈到。

过时技术正在衰退

花费多年时间建立并维护他们过时技术的银行，会在某个时候突然发现自己由功能和交互组成的大杂烩由于技术变革的不断推进而变得愈加复杂。计算机操作系统就是一个最明显的例子。过去，操作系统一般每3~5年更新一次重要补丁或大版本，而现在这一周期是一年。

揭开光鲜亮丽的表面包装，系统内部充满着大量无法穿透、无法测试、存在缺陷的一坨坨代码，随着每个新软件或功能的增加和旧软件或功能的随机修补而不断积累。[①]一份报告显示，美国43%的银行现在仍在使用COBOL，一种可以追溯到1959年的编程语言。考虑到系统外面的层层补丁，故障频发也就不足为奇了。这也解释了为什么大约80%的IT支出被用于维持早已过时的中后台系统的运行，而非用于优化银行的数据驱动能力的技术。图6-2和图6-3显示了银行在管理其IT成本方面所面临的压力。

---

① 这种各种补丁层层叠加、混乱不堪的代码，常被程序员称作"屎山"。——译者注

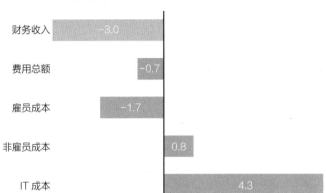

图 6-2　银行上升的 IT 成本

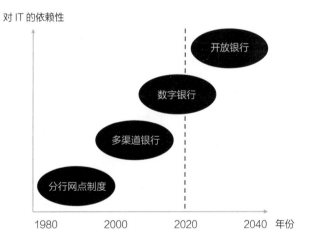

图 6-3　随着银行对技术的依赖性增强，IT 成本呈上涨趋势

　　传统银行的IT成本正在不断上升，而且可以预计它们将继续增长。至少短期内他们仍然需要维护传统的"实体经营"体系，同时需要投资于最新的技术，以摆脱传统多渠道银行业务

中基于网点、在线、移动和语音系统的组合。开放银行带来的压力只会增加成本。如果银行要最大限度地减少转向新的数字模式的痛苦，从而使它们能够与颠覆性的金融科技公司竞争，它们必须接受彻底核销传统IT系统的成本并迅速采用新技术。当务之急是尽可能缩短过渡期。

这就是为什么对于任何想要参与竞争的传统银行来说，采用下一代银行架构是绝对有必要的。新技术栈将使他们的成本降低30%~60%，将功能变化的交付时间降低到1/10，实现更大的灵活性。

由于下一代平台利用了云计算技术节约成本的优势，它们的效率更高，支持更大程度的系统自动化，还可能会去掉维护传统应用程序所需的中间环节。抬头看看云，你会发现几乎每周都有新服务推出。

契合

IT系统正在以指数级速度变化，并对银行等依赖技术的组织产生巨大影响。

随着个人设备和技术的快速增长，你的员工希望你能够为他们提供工作所需的应用程序。当然，随着新冠疫情带来的大规模转向远程工作的浪潮，这种趋势变得更加突出。

IT系统如果要满足后疫情时代的需求，就需要拥有更大的灵活性。因此，对于各种类型的企业来说，投资技术栈的合适环节将比以往任何时候更加重要。企业需要在不断优化前端（面向客户的系统），以确保在最佳的服务交付和充分照顾与支持不甚凸显的后端系统之间取得平衡。即使系统中只有一个过时元素也可能被证明是有害的，它会妨碍其他IT流程的正常运作和发展。

低集成度的传统IT系统本身效率很低，影响了潜在的生产力提升，也是发展数字银行能力的最大障碍。

因此，最大的挑战之一仍然是如何使旧系统与新系统一起工作。虽然80%的云迁移会相对简单，但是将旧有的历史遗留系统全部送上云端的难度会使最后的20%极为困难和耗时。

在所有的应用程序都迁移到云端、适当地集成之前，银行将无法充分获得更新和自动化流程带来的灵活性和效率。

因此，迁移通常是一个漫长且昂贵的过程。进程和速度将取决于每个银行的特点。我们的研究表明，这一过程可能涉及8.5万~25万个工时，时间则是9~24个月不等。

金融机构拒绝这样的承诺，没有全心全意地迈出这最后一步，它们发现自己的IT系统很复杂，只会让自己的处境更加糟糕。

银行必须了解目前的IT系统的固有弱点，许多银行甚至没有意识到需要解决这些问题。对于任何致力于成为真正的二者兼顾的领导者来说，真正了解潜在的风险和利益是一个优先事项。只有这样，他们才有可能引进新的技术，做最重要的事：通过让客户的生活更美好来改善他们的体验。

如何最终向用户提供最高质量、最个性化的服务，银行将无法让客户相信银行真正关心他们。如果你不能努力满足和适应客户不断变化的需求，客户肯定会带着他们的业务转投他处。

满足客户的需求不仅限于允许客户总览他们最近的账户交易，还要通过额外的努力，向他们展现最全面的金融世界，为他们提供美好的金融生活的建议。可能采取的形式包括：向客户建议适当的储蓄和投资产品，提醒他们支付账单，提醒他们外出购物时是否有可能透支账户，或者在他们需要现金时向他们发送附近自动提款机位置的推送通知等。

接下来，在下一章中我们将观察那些濒临灭绝的物种——传统银行客户。

第七章

培养你的
客户

在我看来，银行业的到达点在哪现在并不清楚，特别是受到新冠疫情的影响之后。新冠疫情将会冲击银行的资本结构。例如，在奥地利，我们的客户目前出问题的并不多，所以现在还没有出现明显的破产浪潮。但是如果国家机构的支持减少，则可能会产生影响，但影响很难预测。新冠疫情将会带来更彻底的数字化转型，因为很显然银行必须提高效率以节省成本，也就是电子服务更多、人员更少。然而，由于银行的IT技术并非最强，他们不能创造出比金融科技公司更好的平台。我认为，这意味着银行需要致力于创造一种真正优秀的建议模式，基于有同理心的顾问，真正分析客户的需求，寻找对客户最优的解决方案。

——节选自奥地利人民银行（Volksbank）CEO
雷吉娜·奥弗斯尼–施特拉卡（Regina Ovesny-Straka）
与理特管理顾问公司的访谈

任何人似乎都想强调客户的重要性。事实上，关于这个问题的名人名言实在太多，整理起来很容易写满一本书，甚至比本书更长。

华特·迪士尼（Walt Disney）曾经说过："无论你做什

么，都要把它做好。好到当人们看到你做的时候，他们会想回来看你再做一次。他们会想带其他人来，向别人展示你做得到底有多好。"

理查德·布兰森（Richard Branson）称："关键是设定现实的客户期望，然后不只是满足期望，而是超越期望——最好以意想不到的、有益的方式实现。"

亨利·福特（Henry Ford）用这句话作了补充："支付工资的不是雇主，雇主只是经手，真正支付工资的是顾客。"

然而，尽管有这样的说法——事实上，说到"客户是上帝"的时候，大多数高管都会点头同意——银行通常只是在口头上认同这种说法，并没有什么实际的举措。

这样一来，尽管客户是产生银行转型所需增长的关键，银行却把客户视为理所当然，没有给予应有的关怀。

如果您需要具体的证据来证明对待客户的态度较差，过时的IT系统和流程就是极好的例子。它们仿佛在银行系统的计算机上烘焙，使交易变得相当复杂并拖慢速度。面对这种影响，你还怎么能将沮丧的客户变成愤怒的粉丝呢？

因为缺乏不断努力开发新的产品，为客户提供更好服务的典型在线零售商的思维方式，银行还没有认识到这一点，而颠覆者们正好相反。正如英国中小企业银行Tide UK的CEO劳伦斯·克里格（Laurence Krieger）所言："一旦把零售银行的很多功能剥离，问题的关键就是用户体验而不是解决问题。"

在坚持陈旧的"全能银行"模式时，银行已经有效地证明了他们满足于继续兜售范围相同、重心不明的产品和服务——这些产品完全不适合他们的客户需求。

衡量成功的错误标准

作为上一点的补充，我们要在这里举出曾任通用电气董事长兼CEO达20年之久的杰克·韦尔奇（Jack Welch）所说的"世界上最愚蠢的想法"。

是什么曾经让这位美国工业界大佬如此愤怒？答案是那句老话，"股东价值最大化"。

然而，这正是世界上规模最大的银行的领导者几十年来一直追求的目标，他们一直专注于提高每股收益（EPS）。

这让韦尔奇感到非常困扰，因为EPS往往伴随着大量负担和危险信号。首先，EPS上升不一定直接导致股票价值上涨。事实上，这两者之间往往存在负相关——大约10%的公司在EPS正增长的情况下，股东回报率为负。

除此之外，收益数字不能准确反映内在的风险差异，也没有考虑到覆盖预期销售增长所需的运营资本或固定投资。而且，由于这些数字是基于收入和成本估算，它们也忽略了公司资本成本或财务风险的潜在变化。

追逐每股收益的主要弊端是使得银行的领导者过于短视，

害怕做出任何可能影响这一变幻莫测的指标的事。例如，他们始终不愿意注销传统机构中大量的旧有技术，尽管这正是迫切的需要。他们一直被困在过去，受制于会计实务，只能缓慢前进，反复耕耘同一条垄沟，做出的决定从未充分推动银行的发展。但是当你身处颠覆性的市场，狂热的新来者正在以与你完全不同的方式做事时，看起来情况不妙。

那么，如果每股收益不是真正的重点，银行应该关注什么？

找到你的客户

相比于追逐收益或一些其他的"冷门"财务指标，银行领导者应该把注意力完全转向一个方向：他们有血有肉的客户。

毕竟，正如管理学大师彼得·德鲁克（Peter Drucker）所言："公司只有一个有效的目标——创造客户。"如果说传统银行曾经明白这一点的话，那么现在许多人似乎已经忘记。

德鲁克传递的信息很清楚：如果你全情都用于满足和超越客户的需求，他们会非常高兴，会不断累积他们的爱，而你的银行也会随之赢利。这意味着你的股东将收获最大的利益，他们也会开心……这样就形成了明显的双赢。

不幸的是，如果你像许多银行现在那样，继续提供"一刀切"式的产品和服务，上面这一切都是不可能的。如果客户需要的是能为生活带来真正价值的创新解决方案时，仅仅靠打着领结的老式产品很难让人满意。这些不仅是颠覆者们可以提供的，也是传统银行通过客户驱动的增长拯救自身所必须做的。

只有当你努力充分、完全了解客户的需求、所面临的问题，以及理想、目标和愿望时，你才能创造这种增值的差异；只有这样，你才能提供他们想要的东西。

人口特征分析和购买历史评估可以用来深入了解那些购买你产品的客户，但是这些手段并不灵敏，不够透明、清晰。相反，尝试了解人们在使用你的产品或服务时想要达到什么目的可能收效更佳。了解到底是什么因素影响了他们选择购买或不购买您的产品是非常有价值的，可以为你在每个接触点改善客户体验提供参考。

小组讨论、客户访谈、网络社区和调查都可以帮助你获得此类信息。早期用户是用户反馈的重要来源，如果得到适当的鼓励，他们可以成为未来产品的拥护者。随着新冠疫情逐渐得到控制，银行必然会需要他们，市场中的弱者也将开始暴露。

捕捉你的那份声音、思想和心灵

作为吸引和留住客户的一种手段，银行历来在品牌建设方面投入巨大。因为这种"无形资产"，也包括建筑物、设备、专利、客户数据和软件等，占标普500指数公司市值的90%。这一比例是45年前的5倍以上，因此有充分的理由这样做。

这种"品牌效应"正在不断减弱，因为客户正在远离传统的银行家。客户愿意从多个供应商处挑选产品和服务，甚至只留下一个传统账户用于储蓄，另一个用于日常支付和取现。不过，许多人的情绪变化更加深入。例如，中产阶级投资者现在正从收益更高的银行产品转向股票指数和交易型开放式指数基金或固定收入年金，而这些产品的利润较低。较富裕的客户更钟爱另类资产和股票，这些都是非银行金融机构的天然优势领域。

这种转变和趋势在某种程度上反映了本地银行机构正在不断丧失与用户之间的个人联系，它们正在被用户流动率更高的数字渠道取代，因为后者可以提供触手可及的用户体验。

硅谷未来学家保罗·萨佛（Paul Saffo）认为，创造者经济中真正稀缺的是消费者参与，银行必须尽其所能克服客户的"注意力匮乏"，尽可能地丰富他们的体验。这意味着银行需要确保他们不仅能够被消费者听到，而且要找到抓住他们心灵和思想的方法，当然必须是以高性价比的方式。当零售银行平均获客成本为175美元时，这一点尤为重要。

价值传递的价值

传统银行一直以来都在单向营销，也就是说，他们一直专注于直接向广大的客户群体推广产品和服务。但是，当市场生态系统变得越来越复杂，客户可以通过Trustpilot这样的评论网站互相交流、相互影响时，这种方法就行不通了。而且，客户除了想了解日常交易的能力之外，正在寻找传统银行的深入价值，如图7-1所示，Salesforce于2020年7月16日至8月18日对12000名客户和3600名企业买家进行了调查。

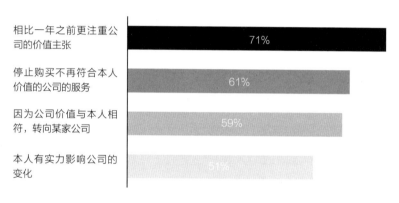

图7-1　同意以上说法的客户占比

新冠疫情让人们注意到银行之类的大型组织更大的社会责任，人们对组织的环境、社会和治理（ESG）评估的认识和兴趣也增加了。就在不久之前，它还只是企业年报中的一个脚注，但是现在已经成为游戏规则的改变者。这在很大程度上是由于应对气候变化的迫切需要，这在年轻一代的银行客户身上体现得很明显。公共关系机构5WPR的一项研究发现，83%的千禧一代希望他们光顾的公司能够真正与他们的价值观一致。

来真的吗?

随着颠覆者愈加成熟,不忠实的客户日渐增多,传统的银行品牌也日益减少。如果某个品牌只展现了空洞、自私的"商业"价值观,而客户不认同或是从未认同,那么该品牌甚至会成为不良资产。前文中我们已经提到世界领先的银行之一苏格兰皇家银行是如何由于它的经营者的自私和贪婪而彻底崩溃的。正如投资大师和慈善家沃伦·巴菲特所言:"建立声誉需要20年,而毁掉声誉只需要5分钟。如果你想到这一点,你的行事方式就会有所不同。"

如今,如果某个品牌要有任何实际意义,它必须传递出"真实性"——现在的客户在选择交易对象或是企业的时候寻求的正是这种价值。

喜剧演员史蒂夫·马丁(Steve Martin)在一个喜剧段子中风趣地总结了这个问题的重要性:

比方说你要是想开家银行,你得给它起个好名儿。银行的名字必须得起得大气,听着就让人觉得靠谱,叫"第一安全信托""联邦储备"之类的就不错。不然,你要是给银行起个名儿叫"张三银行",那可不行,别人谁也不乐意把钱存在你这儿。"您好,我叫张三,我开了家银行。您有一千五百块对吧?存在我这儿,我把钱给您放白衬衫里。衬衫,右边的口袋里,您可得记好了啊!"

如果你的机构不够真实，那么客户就更愿意去别处寻找真实。不论在什么时候，如果客户认为你的品牌"不真实"，没有什么快速转变之策，因为这种价值观已经深深扎根在用户心中。任何在旧基础上"叠加"一个新故事的尝试都可能被视为公关噱头，造成更大的破坏。

银行若是要对自己的角色进行正确的改造，必须首先了解其市场正在寻求什么价值，接下来必须分配足够的资源，将这些资源植入企业DNA中，使其成为客户旅程中出现的自然、有吸引力的组成部分。

如果不这样做的话，银行很可能会被那些愿意花费更多时间，比他们更好地解决客户遇到的问题的颠覆者所超越。事实上，传统银行应该关注的不只是如何为客户提供最好的服务本身，而是在整条价值链上解决客户的需求。

当然，传统银行在过去并不擅长设计美妙的客户旅程。

把客户带到想去的地方

根据营销数据平台Segmint的一项研究，3/4的受访者认为他们的银行表现没有达到他们的期望。在2020年和2021年，仅在英国，对于银行服务的正式投诉就有25万多起，这也说明了一些问题。

更糟糕的是，这些不满只是冰山一角。智库技术专家埃斯特班·科尔斯基（Esteban Kolsky）的研究显示，每26位不满意的客户中只有1位会抱怨。大多数不满意的客户要么继续忍受糟糕的服务，要么更有可能保持沉默，或是干脆把业务转到别处。

虽然传统银行几十年来一直在幕后通过自动化提升内部流程的效率，但他们的面对面交易却没有做到优化，这一点，任何经历过排队拨打客服热线的用户都感同身受。

相比之下，提供卓越的体验是金融科技公司真正擅长的。他们正在不断探索如何利用预测分析、自然语言处理（NLP）、机器学习和人工智能等工具在业务的各个方面取悦客户。

英国金融行为监管局在2021年年初编制的一份总体客户满意度统计表中，有四家挑战者银行位居榜首。两个领跑者Monzo和斯塔林银行的得分分别为86%和84%。巴克莱银行、哈利法克斯银行、桑坦德银行和劳埃德银行等传统银行落后约25个百分点！

银行若是想要缩小这样的差距，必须重新塑造自身形象、重新定义职能和运行方式。银行同时还必须努力构建更多的情感体验，而不是仅仅提供功能丰富的"俺也一样"（你有我也有）式的产品。这种重塑具有重要意义，因为86%的客户表示，他们愿意且准备为更好的服务付费。

例如，通过实现所谓的"第一时间解决"，传统银行可以最大限度地降低客户与他们联系的必要性，因为客户的要求可以在一开始就得到满足。实现这一点不仅对所有的利益相关方都有好处，还可以降低银行的成本。通过使用机器人流程自动化等自动化技术，免去繁复的人工劳动的困扰——这些人工劳动明显拖慢了后台处理速度、降低了服务水平。

背景是关键

至于银行最终将如何发展，取决于客户和期望的产品或服务之间的匹配程度。例如，如果一家金融机构给您发放贷款而非拿走您的毕生积蓄，那么它的质量和声誉本身就不那么重要了。

但是，客户行为并非永远保持一致，而且处于不断变化之中，意味着它在情况、时间不同的情况下会有很大的区别。因此，传统银行的营销需要变得更加情景化——与客户当时所处的环境相关。然而，虽然越来越多的现有和潜在客户都在线上活跃，但大多数银行在数字营销方面的预算仍然不到20%。值得注意的是，大约60%的银行家承认他们不知道如何衡量数字营销对其资产负债增长的影响。

当然，只有当您拥有能够有效地帮助您定制产品的数据时，才能进行有效的营销。再一次，我们与传统银行一直以来向客户销售和交叉销售的次优产品和服务隔着一个世界。

如果说最近一段时间有一件事情彻底地改变了客户的想法，那就是影响着我们每个人的大事件——新冠疫情。疫情给许多人留下了巨大且不可磨灭的印记，剥夺了人们的收入，严重影响了人们的经济状况。英国1/4的人口可支配收入下降，1/6的业主要求延期支付房贷。

毫不奇怪，疫情导致许多人改变了基本财务行为。他们要么别无选择，只能增加开销；要么不得不紧紧抓住他们现在所拥有的一切。随着新冠疫情的不断蔓延，38%的人说他们现在正在"多存一点钱"，而51%的人发誓一旦危机结束将存更多钱。以英国为例，衡量储蓄占可支配收入比例的指标家庭储蓄率，从2020年第四季度的16.1%上升到2021年第一季度的19.9%。

这种变化使储蓄成为金融服务公司的一个增长领域，对大多数零售金融机构来说是个好消息。因为长期以来储蓄一直是核心盈利资产的基础，是令人垂涎的"首选银行"关系地位的重要来源。

新冠疫情还推动了从线下交易到开展线上商务的大规模转变，重塑了金融服务的格局。数字渠道虽然一直以来都不是传统银行的战略重点，但它们却突然变成了业务前沿和关注中心。在线客户交互的激增对银行基础设施构成严峻考验。虽然许多银行已经迎接了挑战，但其他的银行还需要加速采用批发技术。

70%的消费者表示他们选择与谁完成交易的关键因素是过往交互中的无缝体验和充满关怀的业务流程。然而，有多少家可以宣称自己正在提供这样的服务？说实话，很少。

因此，大多数与银行进行过数字交互的客户都会发现交互的流程令人沮丧、倍感失望。在新冠疫情期间，56%的客户表示他们被银行从线上交互重新导向线下，而48%的客户表示他们被要求自己打印、签名并通过电子邮件发送相关文件，尽管他们本应该在网上办理银行业务。这意味着将近一半的美国客户很难通过数字方式完成贷款流程。

各种封锁举措从根本上改变了消费者购买商品和服务的方式，而消费者绝对不愿意这样。许多人被迫改变他们的线上线下的消费行为，开始认可线上交易的便利性，并在生活的各个方面寻求这种便利。当然，这也包括银行业务。图7-2是Salesforce于2020年7月16日至8月18日对12000名个人客户和3600名企业客户进行的调查，展示了消费者现在在日常生活中对技术的接受度。

银行必须注意到这一特点，通过加快转型来应对。好消息是，适当地利用他们的大量交易数据可以使银行向客户提供仿佛线上零售商一般的无缝体验。

传统银行已经开始理解技术能够带来的广泛利益范围——例如，技术如何能够超越以往的规模优势——并且这些广泛利益已经开始转变为它们认为的数字运营的内涵。作为这个过程

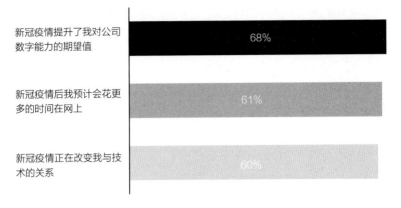

新冠疫情提升了我对公司数字能力的期望值　68%

新冠疫情后我预计会花更多的时间在网上　61%

新冠疫情正在改变我与技术的关系　60%

图7-2　同意以上说法的客户百分比

的一部分，传统银行一直试图通过投资在线渠道、放弃他们在高街的实体存在，将客户转移到互联网银行。这种转变导致了许多分支机构的流失，它们要么被完全关闭，要么需要转型。

例如，桑坦德银行已经把一些地方变成公共的工作咖啡馆，而维珍银行则设立了财富贵宾室（Money Lounge），为客户提供更轻松的银行业务交互环境。

在美国，大通银行和Capital One已经与市内的高级咖啡厅供应商合作，开设了大堂咖啡馆。疫情下的社交距离是否会影响这些公共客厅的战略，只能留待时间检验。

世界银行集团和欧盟统计局的资料如图7-3所示。

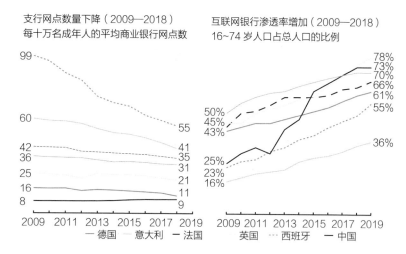

支行网点数量下降（2009—2018）
每十万名成年人的平均商业银行网点数

互联网银行渗透率增加（2009—2018）
16~74岁人口占总人口的比例

图7-3　银行的枝桠正在掉落

20年前，富国银行是第一家向其客户提供网络服务的银行。从那时起，各地的零售银行都将数字渠道作为其业务的重要组成部分，将客户迁移到低成本渠道，成为实体分行网点不断衰落的开端。过去十年中，全球范围内的实体分行网点规模不断萎缩。现在，发达国家中超过85%的客户交易通过自动取款机、电脑和移动设备等数字渠道完成，其中智能手机对银行业务尤为重要。至少在可预见的未来，实体网点不会完全消失，因为很大比例的成年人没有开设银行账户（也就是"无账户人群"），仍然需要实体网点或营业部。

虽然那些尚未接受网上银行的用户发现自己正在变得愈加不便，但传统银行不可能对抗成本差异带来的巨大影响。实体网点的平均交易成本为4美元，与之相比，电脑和手机银行的成本仅为0.09美元和0.019美元，银行在这一点上确实别无选择。

虽然有些银行本来可能计划按照自己的节奏完成转型，但是突然暴发的新冠疫情打乱了这一切，一夜之间推动了数字转型进程。各种类型的封锁和管控措施意味着在过去从来不会将在线渠道和远程交易作为主要业务办理形式的客户群体别无选择，只能转到线上。与此同时，零售银行还没有为全面的数字参与做好准备，没有时间针对数字化交易优化投资组合和服务交付流程。为客户的数字之旅做好准备，银行还有一些事情要做。

归根结底还是信任问题

当然，每位精明的消费者都知道，在网上与任何人打交道都需要很大程度的信任。

虽然一般认为银行值得信赖，但随着消费者越来越愿意接受非传统金融供应商，他们对品牌的忠诚度也在减弱。更年轻、对传统银行业务不那么固执的消费者更愿意相信他们的数字供应商而不是银行。近3/4的千禧一代表示他们现在更愿意接受数字公司的金融服务，而1/3的人认为他们在未来根本不需要银行。

全球专业服务公司埃森哲的一项调查证实了这种松散的关系。调查发现，每四位客户中就有一位表示会考虑从亚马逊这样的线上服务提供商购买保险产品。亚马逊当然不会放过这个机会，它于2020年进入了印度保险市场。

信用卡和支付同样也是薄弱环节。随着非银行金融机构的信心不断增强、荷包占有率不断升高，它们有意愿进入更多领域。这种情况已经在美国出现，如Rocket Mortgage、Chime和Robinhood等几家公司分别在抵押贷款、借贷和投资领域展开竞争。

信任不再基于过去或排他性的关系，因此，金融机构必须从根本上评估他们如何在竞争日益激烈的情况下与客户重新建立联系。

如果银行希望将信任作为一项可以使其脱颖而出的差异化事项，那么必须对其进行测量。部分银行开始测量客户利益代言指标，如反映了客户向朋友或家人推荐公司、产品或服务的可能性的净推荐值（Net Promoter Score）等，这是一个开始；另一个有趣的新指标叫作许可回报（ROC），用于衡量客户认为他们给出数据后将会得到什么回报。

随着人们越来越看重他们的个人数据，要求提升数据分享和使用行为的透明度，对其进行更加精准、有效地掌握，信任、声誉和从属关系等无形资产都可以用来构筑市场差异，而银行也必须将这些因素纳入以价值观为导向的运营模式之中。如果某家银行被人们广泛认为是"可信赖的顾问"，那么它将在很大程度上使自己在市场上脱颖而出。银行如果能够做到这一点，而不是仅仅与客户进行一些零散的、交易性的流程交互，它就能更加深入地融入客户的生活，与客户保持联系，获得客户信任，为客户提供他们想要的东西。要做到这一点，银行可能需要成为一个更广泛的、值得信赖的合作伙伴生态系统的一部分，以超越银行业务本身的方式满足客户个体的需求。稍后我们将继续讨论这个问题。

如果你要使自己与众不同，你需要一个能够为银行创造持久竞争优势、为利益相关者创造附加价值的独特主张。遗憾的是，银行家们一直在说服自己目前的产品和服务就是关键的差异化因素——但它们并不是，而且可能在很久之前就已经不是了。

真实的情况是今天的客户需要的可能根本就不是产品，而是某种帮助他们满足生活需要的方法，这也就是为什么他们越来越愿意购买来自多个供应商的服务，因为他们认为这些供应商能够提供消费者想要的东西，且与他们的价值观一致。

新型的消费关系使得客户在很大程度上处于主导地位。因此，银行现在必须从客户的视角审视外部世界，让客户的愿望和偏好决定其投资组合的风险、资本和流动性限制。这不应该被视为某种营销策略，而是一种新思维方式，需要被鼓励并允许渗透到组织的每个角落。

同样，它还要求银行与客户之间建立全新的亲密关系，而当然不能简单地使用过去那种对所有客户都"一刀切"的模式。

如果你想要观察对客户参与的真正承诺，请看下面Fidor的例子。

客户参与在行动

2009年成立于德国的Fidor是世界上第一家"金融科技银行"，成立之时是将传统金融服务和技术结合起来的先驱。一开始，Fidor的目标就是使银行业务尽可能地快速、顺畅。它首先取消了所有纸质文件和其他与客户的线下交互，并大大简化了开户流程。例如，KYC检查通过视频识别以数字方式完成，客户可以直接获批虚拟卡片；贷款业务的信用评分已经预先进行，所以贷款几乎可以立即完成审批。

Fidor所做的一切都围绕着通过高度个性化的方法创造卓越的客户参与，包括让客户对银行的运作有发言权。客户可以向银行表达对利率水平的观点，或者帮助选择Fidor即将推出的产品名称。这种共创的方式可能会成为未来银行业的一个特征。而且，为了确保任何想要开户的用户都认可Fidor，如果新客户由现有客户推荐，则欢迎他们加入。

Fidor已经将这种创新思维输出到世界各地使用其技术平台的其他金融机构，例如荷兰的Bank Van Lanschot和阿拉伯联合酋长国（以下简称阿联酋）的ADIB。受到Fidor的启发，他们构建了"智能社区"（Smart Community），帮助懂技术的用户更好地管理其财务从而成为银行客户。自其推出以来，已有超过25万人加入。

该项目之所以有效，在很大程度上是因为它吸引了当今的消费者。消费者希望在做出重要的财务决定之前进行研究，并获得来自其他用户的反馈，在做出重要决定之前，通过论坛和评价网站与他人交流。

通过使用这种高度创新的营销方法，阿布扎比的ADIB可以通过智能社区获得新客户，成本仅为传统渠道的10%。

作为"数据公司"的银行

Fidor的案例很好地说明了创造社区感可以成为传统银行的一个真正的差异化因素，但是只有在银行像其敏捷的金融科技竞争对手一样，以洞察力驱动的方式利用数据、采取行动时才有可能实现。

正如在搜索领域无所不能的谷歌和在社交渠道占据主导地位的脸书所证明的，掌握大量数据的平台拥有极大的价值，也就意味着掌握了极大的权力。

谷歌当时的CEO埃里克·施密特在2010年表示："有一天，我们进行了一次交流，认为我们可以（使用谷歌的用户数据）预测股市。然后，我们判断这种行为不合法，就停止了这种行为。"他可能不是在开玩笑。

相比之下，银行在利用数据提升产品与客户的相关度方面已经滞后，这种情况必须改变。

研究咨询公司Forrester认为未来的银行将首先是一家数据

公司，"利用技术和生态系统的伙伴关系，以无缝方式为客户的金融和非金融数字生态系统提供价值"。

某些机构已经观察到了前景，正在改变他们的策略。BBVA的前董事会主席和CEO弗朗西斯科·冈萨雷斯宣布这家西班牙银行在未来将成为"一家软件公司"。

此外，不得不提，像Stripe这样专注处理支付业务的金融科技公司拥有强大的客户信息收集能力，在这方面的表现肯定会超过除了少数几家银行之外的几乎所有银行。

因此，正如埃森哲的咨询顾问韦恩·布希（Wayne Busch）和胡安·佩德罗·莫雷诺（Juan Pedro Moreno）在《哈佛商业评论》中所写的："银行拥有将庞大的交易数据与新的数字工具相结合的能力，可以帮助客户做出买什么、在哪买、何时买的决策，小到一顿晚餐、一场电影，大到一座新房，而不是简单地帮助客户省钱或完成支付。"

当然，真正的关键是如何将这些数据投入使用。尽管银行拥有大量具有潜在价值的客户信息，但这些信息被深深地埋藏起来，封存在各部门之间，困在业务线中。如果说数据是燃料的话，现在银行的数据就像是一桶"原油"，远远没有精炼，不能直接推动无缝的客户体验。

传统银行必须重塑他们的客户模式，使产品足够个性化，以满足消费者的生活方式和自己的主张。虽然并非基于数据的使用，但信用卡公司已经在某种程度上通过不同级别的高档产品（金卡、黑卡，还有宝石蓝色金属卡！）实现，隐喻了用户的个性和独特性。

传统银行现在不仅要关注技术的融合，而且要使用创新的、技术驱动的解决方案更好地与客户接触。而且，他们的实现方式也十分令人兴奋。让我们看看被吹得神乎其神的"超级应用"吧。

口袋里的便利

为了确保尽可能顺畅的、吸引人的体验，某些社交媒体服务提供商开发了全能应用（或超级应用），以一站式门户为用户提供多项服务。例如，用户除了可以使用微信收发信息，还可以购买食品、预订车票、在线叫车、预订酒店或是寻找他们的下一个房子。用户还可以使用微信转账和购买金融服务。同样，用户还可以使用阿里巴巴集团的支付宝支付水费、电费、垃圾回收费和电话费等生活费用。支付宝的明确目标就是成为通用的"数字生活服务"提供者。

要小心了，银行。这些超级应用已经做好了构建市场的准备，稍后我们将继续讨论这一问题。

目前，超级应用程序的大部分现金流通过传统金融机构处理，因为它们是产品的发布者和承销商，但超级应用程序现在已经搭建、强化自己的银行部门。微信使用微信支付进行支付，微众银行用于提供银行产品，阿里巴巴设立了支付宝和蚂蚁集团，使得传统支付服务提供商愈加边缘化。这也是颠覆者正在大胆迈进金融服务领域的又一证据。

再不挺身而出，银行可能会发现自己降级为走过场的龙套，最终只是受监管的核心活动的执行者，而那些拥有超级应用程序的银行则真正掌握客户关系和客户体验。

超级应用程序的成功在很大程度上通过有效地共享不同服务领域的数据实现，数据共享为他们提供了一个完整的客户画像，而传统银行的数据孤岛和笨重的大型机技术将很难赶超。如果银行想与之竞争，则必须提高分析和数据管理能力，以便信息能够自由地流向所需之处。

当然，开发超级应用需要大量的时间、金钱和资源，这些可能是传统银行不具备的。但是，即便存在这些限制因素，银行至少应该搭建一个合理的在线或移动平台，而这是越来越喜欢对着屏幕的现代消费者的最低期望。

至少，银行必须找到某种方法支持简单的数字交易，否则将不仅失去现有的客户，而且难以吸引新客户。说到数字世界的体量，预计到2025年仅美国就会有3.1亿智能手机用户。银行必须养成一种移动端优先的心态。

玩转银行游戏

人们的生活只会愈加忙碌，便利性就成为关键。银行工具需要与那些习惯于数字优先体验的用户产生共鸣，通过台式电脑、笔记本电脑、电话甚至游戏机提供服务。毕竟，PlayStation和Xbox就其本质而言都属于保持在线连接的计算机设备。银行如果能够充分利用此类平台的优势，就可以让自己出现在众多年轻人面前，开发这一市场的巨大潜力。想象一下这个场景：用户使用本地银行作为登录门户，玩网络游戏获取余额收入。

据估计，全球的游戏玩家每周平均花费8.5小时用于电子游戏。这对愿意赞助某款游戏、在游戏世界（或者说，所谓的元宇宙）中打广告或销售目标产品（如第一个银行账户、汽车贷款或学生贷款等）创收的银行来说是一个极好的获客场景。

英国的挑战者银行Atom已经在朝着这个方向发展，它雇用了游戏界的开发人员，学习如何更好地与《侠盗猎车手》《塞尔达传说》《光环》和《生化危机》等游戏的粉丝互动。目前，他们已经在大量使用的Unity 3D游戏开发平台基础上搭建了一个管理财务的3D应用。

据估计，2021年全球总计约有32.5亿游戏玩家。银行如果忽视这个规模巨大的潜在受众，则会给自己带来危险。

一路走好，全能银行——下一个是谁？

对于传统的银行家来说，游戏和超级应用可能看起来像是年轻人的潮流或者噱头，但它们其实并不是。它们是严肃的解决方案，可以帮助消费者更好地满足金融需求，并应被视为银行重塑自身的创新范例。

正如我们所见，银行需要做出一些"出其不意"的举动，反击那些扼杀了全能银行模式的颠覆者。之前认为金融机构可以从大量业务中获利的想法现在已经彻底破灭。监管的复杂性、高成本和高难度，以及新数字方法的吸引力和效用本身已经远远超过旧有的、仅存在于理论上的收益。

产品的多样化可以帮助你在商业周期中投资或是向忠诚的客户交叉销售一系列产品——这种说法已经不再成立。你最终得到的是一个表现欠佳的低质产品组合，通过有限的销售渠道，使用过时的系统，由内部团队勉强续命，以确保合法合规。

事实上，将大量金融产品纳入同一套管理之下只会导致产品、服务的质量和价格均弱于专业的竞争对手。

想要理解这种旧模式在现在这个充满了灵活的颠覆者的时代如何不再奏效，请观察这样的数据：在2010年以来的十年间，顶级金融服务公司只增长了30%，而领先的金融科技公司则增长了6倍之多。

虽然前20家规模最大的金融服务公司当前的价值比2010年增加了8000亿美元，但前20家最大的科技公司的价值却令人惊叹地增长了3.8万亿美元。这已经不是差距，而是一个巨大的鸿沟。

全能银行似乎没有能力完成自我改造，而投资者看着它们前途未卜、一片阴霾的前景，以及潜在的风险和快速上升的合规成本，声音响亮地向它们表达了拒绝："不，谢谢！"而这进一步削弱了银行的股价表现。

那么，银行怎么如何才能摆脱这种不合理的束缚？

答案真的很简单。

尽可能使内部流程更加流畅以改善客户旅程。不再尝试为所有人提供包罗万象的服务，削减混乱无序的产品线，然后创造创新的替代品以满足用户的市场需求。

如果你做到了这些，你就可以开始进行数字化转型——把传统银行变成亟须成为的精悍、高效的战车。

第八章

实现数字化
转型

银行必须改变商业模式，变得更像技术公司。这是一个持续的过程，也是我们在过去20年里一直在做的。我们专注于卓越的客户服务、数字化、高级分析、基础设施等领域，不仅关注客户，还关注我们的员工，因为只有吸引合适的人才，我们的业务才会做得更好。当然，将传统的系统转移到新的收入和商业模式并不是一件容易的事，但我认为如果你的机构拥有年轻的人才，那么这一切都会更简单，因为这些前瞻性的年轻头脑将会迫使高层管理人员做出改变。举例来说，我们机构的平均年龄是37岁。但是，这种变化意味着让一些人离开他们的舒适区。所以，良好的沟通至关重要，因为你的团队需要知道：他们的竞争对手不是其他银行，而是一些非常先进的技术公司。在转型开始时，首先说服几个人你将要做的事，建立他们对你的团队的信任，然后不断扩大信任圈。

——节选自土耳其阿克银行（Akbank）CEO

哈坎·宾巴斯基尔（Hakan Binbasgil）

与理特咨询公司的对话

前文中我们提到过的"绩效空间"是任何传统银行从传统模式转型的一个必要组成部分。精简流程、降低产品复杂性、利用信息技术提高生产力等都是其中的要素，也是获得长期转型所需资金的主要支撑。

然而，如果传统银行真的要在新的金融领域中竞争，它们必须进行更深刻的数字化转型，成为真正的技术主导型企业。传统银行必须如此，因为如果今天不对算法进行大量投资，就不可能在将来向用户提供任何银行交易或服务。正是这种数字转型将我们带入孵化新想法的创新空间，推动银行进入全新未知的领域。因此，此处的重点不是如何把事情做得更好，而是如何做得与众不同。

受制于老派思维、固守着资本要求，或是为了追求市场份额，大多数银行仍在重复昨天的故事，而未开始转型。正如阿尔伯特·爱因斯坦（Albert Einstein）曾经说过："疯狂就是一遍又一遍做着重复的事情，却期待着不同的结果。"何为疯狂？这就是疯狂。

BBVA、CBA和DBS等榜样银行已经朝着数字化的未来极速飞跃，创新大大改变了他们的商业模式。

银行巨头摩根大通将自己重新定义为一家技术公司，努力使其工作流程尽可能自动化，并且正在获得回报。摩根大通的一个名为COIN（合同智能，Contract Intelligence）的项目已经将商业贷款协议的处理流程缩减了数千小时。在COIN于2017年6月上线之前，银行的律师和贷款专员每年需要花费36万小时完成此项工作。

通过采取技术主导的策略,摩根大通的价值从2016年的2450亿美元增长到了2018年的3650亿美元,而员工数量则从23.5万人下降到了16.5万人。之后这家巨型银行又增加了50%的创新预算,还启动了更多的数字转型项目。

与之相对,规模和资源的另一个极端是Capitec。这家南非的传统银行已经从一家反应迟缓的传统金融机构完全转变为尖端服务的提供商,为地理位置分散的客户群提供更快、更好的交易,即使他们只有一个模拟电话。因为没有任何基础设施,这家银行必须创新。这家银行能够成长的唯一途径就是使用移动电话服务大众市场。

非洲的许多数字银行领先于其他地区的原因之一是,在非洲不可能使用传统的实体分行模式服务地处偏远、人口稀薄的地区。建立有效的实体银行基础设施相当困难,而且成本极高,所以他们别无选择,只能与电信运营商达成协议,使用电信运营商的骨干网络提供服务。

这个例子对所有银行的启示是,如果继续保留传统体系,就不会取得任何进展。此外,它们需要一位致力于真正转型的兼顾型领导者。领导者必须在思想上承认这样做的必要性,准备将资源转到需要的地方支持变革的发生,而这可能会引起一些人的不满。普华永道的报告指出,要从数字投资中获得巨大价值并做出明显改变,企业必须接受它们不得不在技术、流程和运营模式上的成本比竞争对手多1/3的现实。

前文我们谈到CEO需要董事会的支持，在变革时后者的支持至关重要。实施一个像数字化转型这样的宏大项目，即便万事顺利也极为困难。要是每个人都不愿意的话，那就完全不可能了。数字转型的十个维度如图8-1所示。

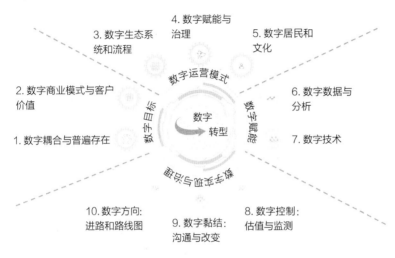

图8-1　数字转型的十个维度

数字转型影响银行的收入和运营模式。上面的"数字耦合"图示表明，要成功地做到数字转型，组织必须经过相互促进的一系列阶段，包括总体愿景、商业模式、流程、治理、文化、数据和技术等各个方面。

成功实现数字化转型

根据IDC的数据，随着世界经济日益数字化，预计2020—

2023年，数字转型的总投资将达到6.8万亿美元。然而，这些投资中的大部分将会出现停滞或失败，而其主要原因出现在公司的控制范围之内，而非公司之外。

管理咨询公司麦肯锡报告显示，这种情况经常发生在规模化阶段（38%）或试运行阶段（12%）。在其他阶段，或是在实现他们所设定的目标之前就已经力竭的项目比例也与之类似。

尽管文化和工作方式不同、缺乏能力或战略不明确也是常见的罪魁祸首，但超过一半的失败都出在资源问题。麻省理工学院斯隆管理学院的一项研究将矛头指向了那些既不清楚自己的目标也不能真正掌控目标实现过程的CEO们。

这样的结果是，最终可能会出现一系列彼此不相关的随机行为，行为的背后几乎没有任何战略思考。记住，数字化本身并不是一种战略。

考虑到这种糟糕的治理情况，以及未能使业务流程与内部权责相一致，毫无意外，几乎90%的CIO都承认，他们至少有一项数字转型项目被迫缩小范围或完全脱轨。

一些高级领导团队不会承诺进行一套明确的投资，以让他们的组织准备好抓住机会，相反，他们可能会受到诱惑、抓紧机会，等待变革之风不断累积成为一股颠覆性力量。也许他们会想起西莱尔·贝洛克（Hilaire Bellocs）的诗作《吉姆》（*Jim*）——小男孩在动物园里误入歧途，最后被狮子吃掉——其寓意是"永远记得抓住看护人，否则可能会出现更糟糕的事情"。

当然，进行数字化转型始终是一项颇为艰巨的任务。例如，由于历史遗留的软件系统太多，试图抽丝剥茧、理顺这些历史遗留问题几乎是完全不可能的。所以，除非迫不得已，不然不会有谁愿意这样做。

但是，说"不是我"并把责任推给下一个人，并不是领导力的定义。数字化转型的决策也是一个高风险的战略决策，因为您并不清楚在什么时候才能稳定下来。如果没能稳定的话，到了你不得不改变的时候，可能游戏就结束了。消费者已经习惯在线零售商为他们提供的速度、便利和低成本，如果传统银行被落下太多，就很难再追得上了。

事实上，传统银行已经落后了，因为目前不同的、脱节的网络和实体渠道的组合，并不能为用户提供他们需要的东西。在消费者只需要点击几下就能在挑战者银行完成开户时，为什么还要接受你那冗长的开户和审批流程呢？

不只是次要项目

虽然超过3/4的高管认为他们的组织需要数字转型，但如果他们只是袖手旁观，那么也毫无意义。这在很大程度上说的正是现在发生的事情。有这样一个事实：尽管90%的组织认为它们已经制定了数字战略，但只有14%的组织相信它们拥有实现该战略所需的技术或技能。观念与现实之间的差距是一条明显的鸿沟，也是为什么绝大多数公司仍在艰难地实现真正由技术赋能的商业模式。

这又一次证明许多传统银行未能充分认识或知晓它们到底需要做什么。

事实上，它们往往没有把转型项目视为实现对它们的存续至关重要的根本性变革手段，相反，它们把这些转型项目视为可以以临时或是零散方式开展的次要项目。这种观念使它们落后于原计划、超出转型预算，并且导致比预期更差的结果。

让我们明确一点：我们正在讨论的是一个真正的和适当的"数字化转型"，渗透到组织内部，延伸到其运营和收入模式、价值链、技术和文化的每一个角落和缝隙。数字化转型必须渗透到最深层次，彻底改变你的行事方式——包括如何创造收入、提供服务、与客户沟通以及组织和构建你的银行。

这意味着使用技术逻辑完全重新设计你的内部系统，为客户创造一个更加以人为本的体验。这并不是一个简单的过程，它涉及整合全新和遗留的技术，将创新带入那些通常一般不适应风险的领域。

即使银行认为它在认真对待转型，资金不足可能仍然是另一个问题。资金不足是将近30%的新企业失败的原因。如果资本和资源的分配仅仅基于业务发展阶段这一标准的话，情况可能会变得更糟。虽然在正常情况下这种分配方式可能会起到作用，但对于技术型企业来说并不可行，因为此类企业往往从一开始就有着很高的投资门槛。如果投入的资金低于最低要求的水平，投资将会立即开始破坏价值。

即使是那些完全接受了根本性转变需求的兼顾型CEO们，也低估了预算、文化、人才和IT等领域进行必要变革的难度，由此使数字项目在诞生之前就被扼杀。IT咨询公司Infosys和银行和保险网络组织Efma的研究发现，只有17%的银行成功地进行了大规模的数字转型，超过一半的银行承认它们在创新方面仍然是"过于主流"或滞后。

是什么阻碍了银行咬紧牙关朝着数字转型前进的步伐？

数字共享平台Prochimp的创始合伙人雅各布·阔普·马蒂森（Jacob Quorp Matthiesen）表示，只有12%的传统银行认为，自己在各种层面上都是数字化领导者。事实上，大多数银行（55%）承认他们缺乏任何真正意义上的数字成熟度。

因此，尽管数字化转型是银行业技术圈的一项热门讨论话题，但一般总是会向不温不火的现实妥协。

《数字银行报告研究》（*Digital Banking Report Research*）的金融品牌在2020年9月调查的结果如图8-2所示。

如图8-2所示，影响银行完成有效的数字化转型的原因有很多。虽然各家银行面对的挑战组合会有所不同，但主要原因往往是成本和实施的难度。在许多情况下，这种说法等于没有人愿意放弃原有的IT投资。

你所在的金融机构在创新和数字化转型的哪个方面面临的挑战最大？请用 1~5 评分（1 表示极少，5 表示极多）

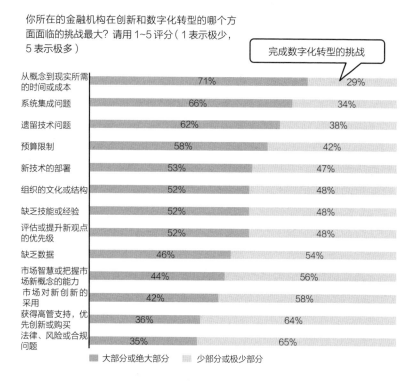

图 8-2　金融机构转型的挑战

　　这个问题也是一系列主要的历史遗留问题之一，因为在过去，技术往往没有被视为总体解决方案，而是成本的驱动因素。银行家们只考虑到数字化转型的财务成本而非隐藏的实际成本：试图支持那些无法满足过时的历史遗留系统和日益增长的监管要求的中后台功能所导致的巨额费用。

　　这种观念使技术被视作操作问题，而非他们的真实属性，即更具战略意义的问题。如此，你会获得一个规模不断增加的、过时的技术栈，需要不断修复或打补丁完善，这些都会带来极大的成本。

旧数字战略无法奏效

如果某家传统银行继续相信以前的方法会在未来发挥更好的作用，或者认为其半心半意的数字战略已经足够，那么它转型成功的障碍就会更大。

金融服务企业往往认为它们只需要采用某种现成的"技术路线图"，低估了转型中涉及的非技术性组织挑战。它们没有认识到需要进行更广泛的文化变革。

采取某些行动时它们可能会变得更有数字化意识，但这并不能帮助它们像领先的金融科技公司那样以数字为中心，而它们正需要如此。

以数字为中心，不仅仅是简单地在你的商业模式中增加"数字"这一提法，或者简单地开发一个应用程序帮助客户查询余额或完成支付。无论银行如何努力说服它们的股东，这种变化都算不上是成功的数字化转型。

事实上，如果只是简单地搭建这些应用程序，那么银行与其说是转型，实际上可能在倒退，因为他们只是提高了技术成本而没有提高效率。在改革内部流程和IT技术栈之前，提高效率、完成数字转型是不可能的。简单地搭建一个应用程序很难改善客户体验，社交媒体上关于劣质应用程序的负面信息和吐槽帖子比比皆是。劣质应用，有不如无。

正如BBVA前主席弗朗西斯科·冈萨雷斯所言："银行试图通过从屋顶往下建房子的方式迎接数字挑战。也就是说，从渠道开始。但这只是一个权宜之计。如果没有坚实的基础，网上银行业务量和复杂性的增加将使过时的平台不堪重负，最终会倒塌。"

花旗银行全球运营韧性主管（Head of Global Operational Resilience）夏洛特·布兰菲尔德（Charlotte Branfield）着重强调了这一信息的重要性。她表示：

周围有着这么多惹人着迷的新鲜技术，不难想象，不论银行到底是否了解背后的原因，他们必须要有最新的工具、部署最新的人工智能。问题的关键是要回归本质，回归最初的原则。问问自己："这项技术能给组织或我的客户带来什么好处？"提出这个问题意味着你可以仔细审视你的组织架构和文化，关注运营韧性和风险管理。

真正二者兼顾的领导者了解这一点，这就是为什么他们支持深入转型，坚定地立足于战略选择，以平衡他们组织的短期和长期需求。他们还认识到技术在实现短期内支持银行所需的"绩效空间"生产力以及未来转型所需的高水平创新方面所发挥的重要作用。正因如此，他们更愿意投入更大比例的预算来探索其潜力。

这些领导者还拥有"技术直觉"，一直在寻找可能有用的、能给他们带来竞争优势的新应用。然而，大多数银行高管在被问及组织中的数字技术时，主要谈论的却是对移动平台的投资。这表示他们的关注点过于狭窄，忽略了云计算、高级分析、机器学习、物联网、机器人流程自动化、增强现实和其他技术的潜力。

高管应该专注于识别正确的技术，而不是自然而然地假设"新兴事物"总是最好的。与把希望寄托在刚刚取得突破的技术上，使用已被广泛使用的、成熟的主流技术往往可以帮助你更快地取得更大的成绩，例如，优步和爱彼迎主要通过利用智能手机和并不复杂的应用程序，分别在网约车和酒店预订两个领域取得了领先地位。

持续的技术调整

如果要实现真正的数字化转型，传统银行必须重塑每一个面向客户和员工的系统、业务流程、产品和服务，甚至是整个企业品牌，以令人信服的方式将它们与竞争对手进行区分。

由于客户、员工和合作伙伴的期望也在不断变化，这种转型不应该被视作一蹴而就，而是一个持续的战略调整过程。换句话说，银行转型并不像一些观察家认为的那样，是一次直接导致一个全新平台突然出现的一次性事件，而更像是一个持续的战略调整过程。换句话说，为了避免被淘汰，银行必须不断变革以跟上不断变化的环境，即使是已经实现了数字转型的银行也不能忽视变革。一旦忽视，他们的转型速度可能就会减慢，自己则会与市场脱节。

那些没有进行必要调整的公司则会越来越处于不利地位，越来越边缘化，且更容易受到那些拥有适合的产品的数字颠覆者的影响。

为了实现需要的目标，传统银行将需要全面、详细和系统的"数字转型"战略，以便个别短期举措不仅保持彼此一致，也与长期业务目标保持一致。如果未能做到，后果可能十分严重。

作为数字转型的一部分，二者兼顾的CEO需要问三个问题：我为什么要这样做？我该怎么做？我到底该做什么？

答案在很大程度上取决于你的计划到底是追求全面数字化，即基本上重塑你的所有流程以创造新模式，还是追求一种不那么全面的方法，可能只对部分业务进行自动化，使其得到改善但不会从根本上改变。

这就好比一块巧克力包裹的橙子和一块蜜饯的区别。橙子蘸上融化的巧克力，看起来完全不同，当然，在某种程度上也确实不同。但是，咬一口，你就会发现它的本质上是一块外面包裹着一些巧克力的水果。不过，如果你把一块橙子扔进装有糖浆的锅里浸泡，你会得到完全不同的东西——一块致密、腌制、糖渍的水果蜜饯。

从愿景开始

当然，银行只能从它当前所处的地方开启转型之旅，但是转型的目的地却有很多。因此，银行需要选择一个理想的到达点，将其独特愿景囊括其中。

拥有一个愿景不仅仅是为开明的人准备的。它对任何想要转型的传统银行都很重要。毕竟，如果你不知道想去哪里，你怎么能知道你最终要去哪里？

澳大利亚联邦银行（CBA）就是一个非常典型的例子。它在一开始转型的时候就提出要以提供卓越的客户体验为基础，成为全澳大利亚最好的金融机构。这样，它就设立了一个明确目标，用来衡量它后来所做的一切。在经历了一些未经深思熟虑的新领域的尝试后，一些CBA合作银行的愿景是回归本原，不仅关注利润优化，还关注金融稳定和核心市场。

数字化转型是一项多维度、需要历时数年的举措。虽然转型轨道将由兼顾现实和愿景的领导者设定，但由于转型旅程太过复杂，在转型前期就制订完整、详细的转型计划是完全不可能的。转型前期需要一个大致的路线图，告诉银行从当前状态到需要达到的目标所必须采取的措施，否则难以明确资源应该如何分配。

虽然银行有必要对采用何种技术做出迅速的战略决策，但随后在实施时则应考虑到组织的限制条件和复杂性，更加谨慎地实施相应战略。如果一味地追求速度，你就可能会遇到像英国皇家银行那样的服务交付问题，出现重大技术故障惹恼大量客户。

这些意味着银行必须确定自己的愿景，深入思考自己想成为什么，以及自己随后必须做什么来实现业务活动与客户需求之间的最佳匹配。

由于极少有银行拥有足够广泛、横跨多个不同业务领域或在每个业务领域都足够深入的资源，供其预测或满足多样化、高要求的客户群的所有需求，因此，转型战略将意味着重大抉择。

了解你当前的位置

你从哪里开始进行全面的数字化转型？

一个合适起点是对组织的各个部分进行初步诊断，以检查各个部门应对数字化转型旅程的准备程度，诊断内容包括评估市场、你的组织目前的能力和未来的目标。一些银行已经开发了内部的专有工具实现这一目的。例如，花旗银行开发了内部使用的"数字诊断框架"，包括详细的检查单和客户用例，帮助审查整体战略、组织文化、创新流程和客户旅程等具体事项。

通过这种深入研究，银行可以更好地了解其投资组合、业务线和地理分布范围内的所有战略风险点和竞争弱点。

银行的评估必须尽可能真实。银行必须注意，以前挑选的低垂的果实带来的回报和利益，并不会简单地让实际上可能已经处在垂死挣扎状态的细分市场起死回生。一旦认识到这一现实，真正的当务之急应该是撤资以及迅速建立新的伙伴关系，而不是自我陶醉于假象和幻想之中。

另外一种有力手段是与竞争对手和更广泛的行业进行某种程度的对标分析，用来评估你当前所处的位置并了解进展情况，但我们不认为可以完全依赖对标。此外，与他人进行对标分析的结果也不意味着要简单地模仿或重复他人的行为。每家银行的情况都存在差异，盲目追随别人的仿冒政策很可能会把你带入歧途。这可能也是3/4的公司在进行数字化转型时发现没有实现预期收入的原因之一。

愿景、目标和指标

在时刻留意自己相对于同行表现的同时，每家银行都应该准备好深耕自己所处的领域。最好的办法就是集中精力和资源，成功实施专属于自己的数字转型。

请记住，数字转型的重点并不是彻底取代传统体系，而是通过创造一个更有效的、基于技术的商业模式推动变革。数字转型的目标是创造让你脱颖而出的价值主张，从而创造新的收入来源。例如，亚马逊取得其领先地位不仅是因为商品的价格低于传统商店，而且因为它为消费者提供了更多的类型和便利。

虽然每家银行的独特性意味着不存在放之四海而皆准的转型秘籍，但是，银行可以遵循某些通用的指导原则：

1.评估你所处的位置和你需要前往的目标。换句话说，你需要很好地了解行业认知的到达点，迫使自己真正重新考虑你现有的商业模式。我们将在下一章中详细讨论到达点的问题。忘记现状；接受非传统思维方式，树立果敢、伟大的目标。

2.构建总体战略，弥合当前位置和目标之间的差距。你需要了解，如果想要让你的新目标变成现实，有哪些事的做法必须改变。这一点的内容包括明确你的产品的差距，以及开发创新产品和服务来填补这些差距。

3.在后文中，我们将探讨组织如何利用突破孵化器等强有力的工具培育组织的内部能力和结构，以不断开发、试验和推广新产品和新服务的创意。

4.为了做到必要的事，设定积极的延伸目标。正如前文所述，在目前的环境中，仅仅追求边际改进是远远不够的，因为时间线的压缩速度太过迅速。设定与具体实施行动相关的中期里程碑。在理想情况下，需要实现一些快速的、初步的胜利，帮助建立转型的信心和势头。许多银行也正在通过挖掘客户界面的潜力努力实现这一点，而对于更加复杂的、端到端的流程来说，就更难做到了。

5.在心里构建简明的计划，并与各利益相关者明确地沟通。如果CEO、董事会、市场和外部第三方不能就所提议的内容达成一致，转型就很难取得足够快的进展。事实上，任何转型都有可能失败。

6.投资于以数字方式解决银行问题所需的技术和能力。这些技术将包括：帮助实现无障碍互动的人工智能；以客户希望的方式为其提供所需信息的流媒体直播服务；为客户体验添加新维度的增强现实；基于真实洞察实现深度个性化的大数据技术；以及一系列使交易更顺畅的支付节点和聊天机器人等技术。

7.这意味着银行将从当前的复杂架构和"再平台化"中解脱出来，将历史遗留的软件平台转移到云端，从而获得更大的成本效益并释放资源。一旦实现，银行可以重新设计流程使之更加面向客户。实现方式可能包括构建新的代码取代历史遗留软件，但是银行也不需要回避使用商业软件，因为使用商业软件也可以大幅节省成本。

8.以快速、果断的方式实施。如果选择了正确的客户群，你甚至可能获得先发优势，不仅能占领某个特定市场的绝大部分市场份额，还能为后来者制造真正的进入障碍。后来者可能需要更高的折扣或增加营销支出来吸引客户，导致盈亏平衡点升高、回报率降低。

9.经常衡量你取得的进展。检验任何数字化转型工作成败的判决性测试项目是"数字化率"，即与最初的目标相比，某个过程实现数字化的百分比。如果比率向好，其影响将积极地体现在一系列持续的指标中，例如收入、利润、成本、客户参与度、保留率、重复购买，以及（也许最重要的）客户价值。只有当客户足够欣赏你的产品或服务而做出购买行为时，你的银行才会取得成功。

银行不再全能，这就带来了一些问题：数字转型集中在何处？现在真正需要做的是什么？在哪个领域转型？支付领域？贷款市场？大众市场，还是专注于利基空间？只有回答了这些问题，您才会知道选择在哪里战斗……这一点，我们将在下一章深入探讨。

第九章

选择你的
战场

成为一家优秀银行的关键在于能够快速触达客户，为客户解决问题，以方便、高效和负责任的方式提供金融服务。因此，在高质量、无缝的客户体验需求和金融科技合作伙伴关系的需求的推动下，银行需要从传统的实体银行发展为嵌入式金融模式，银行将成为产品可以接入和输出的中心。商业模式的改变是颇具革命性的。整个系统正在发生变化。

——花旗银行全球业务韧性主管夏洛特·布兰菲尔德

当市场处在稳定状态时，坚实的价值主张与正确的能力相结合就足以保证你的地位并建立长期的战略资产。

大规模的颠覆改变了这一点。它打破了之前"舒适"的商业模式，只留给CEO一件可以依赖的事物：不确定性的存在。这种情况下，你不能仅仅基于以前的情况来推断你的战略，这样只会让你原地踏步。作为一家传统银行，如果因为颠覆者们正在挑选你无法在价格或客户体验上与之抗衡的产品战场，你观察到自己的收入来源正在枯竭，那么你为什么还要停在原地？

当然，即使在颠覆期间，一些规模巨大的竞争者可能会维持像往常一样的业务，因为他们有足够的财力在新模式下生存。然而，对于大多数组织而言，保持某种"失能"的全能银行并不是一个可供选择的选项，因为它们没有能力扩大规模，以保持它们在面对由人工智能、机器学习和云计算等技术赋能的高效新进入者时的竞争力。他们别无选择，只能重新完成重塑。盲目地坚持过去的模式，认为过去使其成功的将再次帮助组织成功——显然，并不会——这是一种严重的误读。

如果翻开传统银行业的历史，你会发现所有的灾难都由这些因素构成：试图平衡风险、资本和流动性、通过削减成本提高生产力，以及向不断减少的客户群交叉销售老旧的产品。

你可能会争辩说，传统的银行框架和战略仍然可以调整以适应我们新的金融环境。根据我们在本书中列出的大量证据，我们很遗憾地认为你的观点并不正确。事实已经非常清楚。

当游戏改变时，你也必须做出改变。传统银行现在必须拥有足够的勇气，赶在竞争对手之前把当前的商业模式拆散重组，而非重蹈之前的老路。一个螺栓接一个螺栓，一颗铆钉接一颗铆钉地彻底拆散。然后，一步一步地完成重建它。

你需要做的远不止在现有产品上增加额外的功能，在各处进行组织变化，或推出某个不能很好完成工作的应用程序，或简单地宣称自己已经"数字化"。这些尝试都将徒劳无用，绝对不会为你带来任何推动力。

由于成为一家为所有人服务的全能银行不会再为你带来任何的商业利益，银行需要撤出过往的某些细分市场、部门和地域，因为这些领域的成本和风险现在已经过高。资本和资源需要重新分配到仍有一定程度的竞争优势之处。例如，瑞士的银行正越来越专注于它们的核心竞争力——财富管理，并逐渐撤出其他市场。

当然，这种战略上的重新定位并不等于放弃全部旧有的核心能力。如果没有套期保值，企业银行会何去何从？它们将会面对更高的成本、更多的风险暴露和急剧减少的利润。

银行需要的是一个核心商业模式，不仅能够对正在发生的事情作出反应，而且可以真正地推动变革。这是传统银行应对其收入和利润池的重大转变的唯一途径。

更多战略选择

许多金融组织把时间、精力和资源浪费在错误的事情上，因为他们没有意识到银行业的未来将会怎样。他们还没有把握住我们一直在谈论的行业到达点。

如果因为领导层不清楚自己需要做什么，或是错误地认为他们正在做的事情是正确的，这会导致缺乏愿景，他们将永远无法建立与目标相适应的全新或是改进的银行。由此导致资源分配失去优先级和效率降低，与你需要改善短期业绩的目标正好相反。

传统银行需要前文所述的那种二者兼顾的CEO，可以凭直觉用左右脑的方法来规划正确的路线。

在制定和确立自己独特的愿景时，银行需要很快辨别出应该放弃哪些历史悠久但无利可图的业务线、部门或地理区域，这将是对全能通用银行模式已过时的合理回应。退出金融科技公司占主导地位的细分市场也是合适的做法之一。

原地踏步全无作用

改变行业基本面的颠覆性破坏使传统银行的时间所剩不多，需要较快地做出抉择，不能拖延太久，而新冠疫情又加剧了这种紧迫感。为了应对疫情的各种封控措施，为人们提供了更多的空间审视自己的支出，并重新思考如何通过网上管理提高自己的资金效率。这种行为变化导致越来越多的用户转向金融科技公司，被他们提供的更流畅、更友好、更加数字化的体验所吸引。

如果银行继续在转型上原地踏步，那么它们可能会发现既没有资金资源也没有能力筹集更多资金来完成需要的转变。

正如我们所指出的，传统银行的转型和适应变化的速度之慢，可以说是人尽皆知，而这在快速发展的数字世界中则更加危险，对那些更习惯于银行业传统商业模式的僵化的领导者来说是严峻考验。虽然高级管理层更容易坐视不管，但如果这样的话，他们会忽视这个时代可能最为紧迫的业务需求——围绕创新的新产品、服务和商业模式创造增长。

如果我们看一下过去十年中排名前20位的商业转型，我们就可以看到这将是一个多么严峻的挑战。我们看到改变游戏规则的公司突然闯入我们的视线，如奈飞（排行榜榜首）、科技巨头亚马逊和微软，以及金融技术和市场平台腾讯和阿里巴巴。只有一家主流金融机构因其成功的转型跻身榜单之中，它就是新加坡星展银行。

星展银行制定并采用了"27000人创业公司"的文化愿景，成功地重新定位了其核心业务模式、开发新产品和服务，并获得足以使其跻身于行业巨擘之列的增长和财务业绩。

星展银行的转型非常成功，成功地从一家传统的区域性银行变身成为2018年《环球金融》杂志评选的"全球最佳银行"。这种转变正是通过颠覆其商业模式并接受创新思维方式，以及创造一种新鲜的"数字文化"实现的。我们稍后将仔细研究这个问题。

虽然采用这种自由的心态是变革的先决条件，但许多银行业CEO的本能选择是在动荡时关上舱门，安然渡过暴风雨。如果说他们要做什么的话，这些畏首畏尾的领导者更希望对现有的东西进行优化，而非尝试发明所需的新事物。尽管他们的沉默可能会给他们带来某种程度的控制感，但这不过是某种"安慰毯"，只能给他们些许慰藉，而不能帮助他们渡过难关。当每个商业部门，不仅仅是银行业，它们都受到迄今为止最剧烈的破坏和货币融合的冲击时，情况更是如此。

融合的兴起

融合是指随着时间的推移，曾经互不相干的部门走到一起，而且，当前的融合相比于以往任何时候都更为广泛和迅速。融合的浪潮如此强劲，以至于全球研究和咨询公司高德纳（Gartner）将其描述为"组织最基本的增长机会"。高德纳认为，融合通过创造新的产品、功能或服务来实现"价值创新"，同时破坏价值较低的产品。

麻省理工学院媒体实验室主任尼古拉·尼葛洛庞帝（Nicolas Negroponte）在20世纪80年代初首次引起了世界对融合的关注。作者使用一系列图表描述了计算、通信以及出版和广播部门如何随着时间的推移而不断融合（如图9-1所示）。

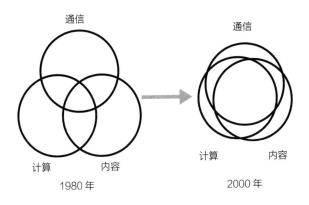

图9-1　第一次行业汇融

　　一开始，这三者之间几乎没有重叠。但是，尼葛洛庞帝曾预言称，由于它们都依赖数字系统，它们将开始融合。40年过去了，很明显他的预言最终成真了。有人估计，行业融合已经对标普500指数中超过半数的公司产生了影响。

　　当不同行业之间的相似性将它们吸引到一起时，就会发生融合，模糊并消解曾经将它们分开的界限。融合的速度和程度与各部门之间的吸引程度，以及可能使各部门分离的任何障碍有关。

　　融合可能发生在众多领域，其中，电子商务和IT的融合是最明显的例子之一。电子商务巨头亚马逊已经通过其网络服务（AWS）产品进入软件即服务（SaaS）市场，使它成为与消费品供应商相似的IT服务供应商。微软的发展方向则正好相反，它开发了自己的电子商务平台Azure，提供个性化的营销解决方案和可扩展的电子商务应用程序。

　　当然，前文中我们提到，亚马逊在没有成为传统银行的情况下已经全面进军金融服务领域。亚马逊支付已经发展成为网络和实体商户的数字钱包。通过利用其规模优势，亚马逊可以减少零售商的银行卡交易成本，鼓励他们加入其不断扩大的生态系统。

　　另一个例子是亚马逊借贷（Amazon Lending），在2011—2017年中期向日本、美国和英国的20000家中小企业发放了总价值30亿美元的贷款。通过该服务获得贷款的用户中，超过一半的用户又再次获批贷款。亚马逊借贷使中小型企业的销售额增长了约40亿美元。虽然新冠疫情不可避免地削弱了数据的表现，但是从长远来看，疫情不太可能长期阻碍这一科技巨头的发展。

从某种意义上说，亚马逊正在建立自己的金融机构，采用现代银行体验的核心组成部分，对其进行调整以适应其商家和消费者的需求。相比开展存款业务的银行来说，这种模式对亚马逊来说是一个更加有趣的发展。

银行和电信运营商

在创造机会的同时，融合——像所有颠覆性力量一样——也会对那些没有意识到或没有对正在发生的事情做出反应的人带来威胁。

以电信运营商和金融机构的自然融合为例，通过针对特定价格或风险状况的交叉销售伙伴关系，可以实现电话用户数据的变现。法国的橘子银行（Orange Bank）就是一个非常典型的例子，它与姊妹公司橘子电信关系十分密切。关于这种关系如何维系，参见本书下一章对橘子银行CEO保罗·德·勒斯（Paul de Leusse）的采访。

电信运营商具备与银行业融合的条件，因为对它们而言，将汇款和支付等金融服务嵌入产品之中相对容易。他们一般还拥有比零售银行更大的客户群，而且更善于向他们进行营销。

这意味着，如果一家电信公司开始选择向其客户提供金融产品，那么它可能成为传统银行的强大对手，因为它已经与这些客户建立了紧密的联系。

新兴经济体中，互联网和移动电话的渗透率远高于银行，电信运营商的优势甚至更大。电信运营商唯一的重大缺陷就是遵守法规的合规成本，对许多公司而言，仅存款保险费用这一项就可能导致过高的进入门槛。

融合的机会在哪里？

融合可以采取各种形式，取决于部门或市场之间的吸引力的性质。当传统的金融服务与更复杂的服务结合时，可能会促发渗透性融合。例如，新技术的出现带来了自动取款机服务，提高了银行服务的便利性和覆盖面，节约了客户的时间，帮助银行将其基本服务扩展至偏远地区而不需要开立实体分支机构。

交叉融合对已经存在的事务进行了补充。例如，新的互联网和电信服务使移动银行服务成为可能。

当有彼此共生的行业存在时，如商业和银行、保险和证券就可能会发生重组融合。重组融合可以提高竞争力，允许银行为市场带来更多不同的、更好的产品。

行业融合指的是新行业和传统行业的融合。尽管银行业、非银行金融机构（NBFCs）、保险组织和证券公司都可以为客户提供不同的金融产品和服务，但考虑到其技术、政策或客户群体，它们在功能上存在一些共性的特点。如果不同行业的企业形成合力，那么可能会给传统银行的业务模式带来挑战。

此外，还有一种融合方式称为技术融合，也可能是最具变革性的融合。

举例来说，区块链将成为包括加密货币在内许多新产品和服务的基础，因为它创造了拥有"单点真理"（SPOT）的交易记账方式。生产者和购买者可以直接交换商品和服务，而无须管理机构的监督。区块链技术允许金融科技公司提供比银行速度更快、成本更低的支付交易服务，从而引发银行业的更大变化：实时清算和结算系统、非传统的融资途径、更高的资本市场效率，以及较低利率的借贷市场。

鉴于区块链技术为整个行业带来的如此多的可能性，欧洲支付委员会（European Payments Council）成员中十有八九认为，到2025年，区块链将从根本上推动行业的变革。

谁已经在利用融合的优势？

融合与传统银行的行事方式几乎完全不同，因此，对于那些愿意探索看似不相干的事物之间的联系的人来说，有很多机会等待着他们去发掘。

以农业和金融科技为例，这两者看似毫不相干，你可能也不会认为这两者之间会形成协同作用。根据农业和食品创新平台ThinkAg和MSC咨询公司的一项研究，在某些市场中，只有30%的农民能够从正规渠道获得资金。而且，在许多国家，约有半数的小型或微型农户根本无法从任何渠道借贷或获取资金，原因是普通银行认为他们的收入难以预测，不愿放贷。

金融科技公司观察到了这个机会，开始进入这一领域。在澳大利亚，一家名为Agrihive的公司收集数据、生成商品和股票价格的实时报告，供当地农民在与会计师、律师事务所和贷款人打交道时使用。在肯尼亚，一家名为FarmDrive的公司为许多没有足够财务记录的小型农户计算信用分数，供其申请银行贷款。

此外，还有专门的保险供应商和支付平台，通过数字交易平台对接农民和分销商。这些公司和平台都在使用我们刚刚提到过的区块链技术，实现农民、合作社和农业买家之间直接、透明和可核查的交易。

金融科技公司和健康技术供应商之间也开展了融合。一家名为FitSense的在线分析平台从可穿戴设备和智能手机中收集有关个人压力水平和睡眠模式的数据，并根据收集到的数据计算有个性化的保费策略。用户越是健康，需要支付的保费就越低。

由于医疗服务提供者并不具备金融专业知识，因此，最大的机会可能在于医疗、银行，即金融、保险、医院和医疗服务提供者的结合。这一领域拥有巨大的潜力，因为目前供应链的不同部分之间整合不力，不透明的采购流程和人工推动的系统在提供、分配和处理医疗服务方面效率较低。

银行可以搭建适当的平台，通过降低风险、提高决策质量、加快交易处理等方式更好地连接各个相关方，为许多深受病人坏账、市场萎缩和如何不断提高质量等问题的困扰、已经处于财务崩溃边缘的医疗机构带来巨大而直接的利益。由于许多国家的人口老龄化，医疗成本持续飙升，对于做好准备、愿意走出传统舒适区的传统银行来说，这一领域存在真正的潜力。

联合健康集团（United Health Group）旗下的Exante金融服务公司已经意识到了这个领域的机会，正在为超过2000万项医疗计划办理信用卡付款和会员身份等业务。

俄罗斯联邦储蓄银行Sherbank是另一家加入医疗管理业务的机构。这家俄罗斯最大的银行集团在2017年收购了在线医疗预约市场的领先企业DocDoc.ru，表明其有意进入潜在利润丰厚的医疗领域。Sherbank将其置于电子健康平台的中心位置，通过对接医生、医院、保险公司、药店和患者，将远程医疗、医疗记录、咨询和治疗交付等结合起来，从而可以极大地削减成本、改善服务。这一服务还将使该银行获得大量病人数据，以供分析并从中获得价值。

当然，随着围绕健康数据数字化的法规不断收紧，医疗银行业务可能仍然会保持高度专业化，因为很少有人愿意与复杂的合规问题纠缠。

迈向新的牧场

不论在什么时候，只要你看到融合正在发生，这就是一个明确的迹象，表明旧有的确定性正在消解或是被粗暴地破开。以银行业为例，我们观察到以往按照垂直业务线划分业务的方式，例如将业务分为零售、企业和财富管理等，已经不再适合市场。

传统的界限已经在发生变化。借贷俱乐部（LendingClub）重新定义了抵押贷款产品的生成和营销，而在金融服务之外，你也可以观察到星巴克如何重塑了咖啡饮用文化。

传统银行现在更需要关注全球银行业利润的主要来源——"发起和销售"活动，同时考虑加强客户关系、财务咨询、产品开发、交易处理速度、人力资源和招聘等领域。当然，还有信息技术。围绕着风险管理、合规和财务分析，可能还需要考虑某些特定行业的脆弱性。

那些拥有远见和勇气的领导者有着无数的机会以新的方式看待世界。

例如，你可以瞄准那些因产品过于复杂、昂贵或低质量而被"过度服务"的用户，就像本田公司在20世纪70年代为专注于基本的服务，或是沃尔玛和戴尔后来的服务理念一样。

在中国，微众银行抓住了机会，开始向中小企业等大型银行没有提供服务的细分市场销售大众化产品。或者，你也可以朝相反的方向发展，就像私人银行那样，瞄准那些愿意为额外的功能或服务支付更多费用的"服务不足"的客户。

何不考虑为现有产品找到新的用途，或是根据共同的客户特征将更大的市场细分为新的微观领域？或是瞄准那些目前在其他地区没有使用您产品的用户？

推动这种方法走向成熟的一个关键领域就是B2B电子商务市场，而目前传统银行对该市场的服务不足。2019年，B2B电子商务市场总价值为12.2万亿美元，是消费市场的6倍，被称作下一个"黄金国"（El Dorado）。这一领域预计2021—2028年的复合年增长率为18.7%，将为有实力的金融服务公司提供大量机会。

这又是一个后来者已经取得优势的领域。Payability是一家领先的融资平台，平台专门提供面向电子商务企业定制的现金流和支付解决方案。到目前为止已经向成千上万的卖家提供了总计超过30亿美元的资金。该平台提供的即时放款的贷款业务对卖家有着很大的吸引力，卖家可以在等候网上买家付款到账的区间内提前收到回款，弥补其资金流的不足。客户申请过程快速、简单，而Payability的快速审批允许客户在24小时之内获得所需资金。因此，客户在完成线上销售之后不再需要等待亚马逊的付款周期。

在更广泛的中小企业方面，传统银行有着大量的机会。截至目前，传统银行在很大程度上都未给予这一领域足够的重视，因此，传统银行一直以来只是在使用一些未经充分考虑的产品服务这一市场，这些产品基本上是表现欠佳的个人或企业银行产品的简单组合。

例如，在欧盟，中小企业很难及时、有效地获得融资，传统的贷款放款审批时间为3~5周。

随着平均"兑现时间"延长至长达3个月，与不同业务阶段和生活方式需求相关的目标产品可能深受欢迎。

中小企业融资是一个拥有巨大潜力的市场，因为中小企业创造了私营部门大约2/3的就业机会，拥有总计46万亿美元的年消费能力。每年，中小企业为银行创造8500亿美元的全球收入，约占其目前全球收入的20%。经济合作与发展组织预测，由于各国中央银行开始将其视为经济增长的强大引擎，这个巨大的收入池在未来7年将以每年7%的速度增长。

随着开放银行业务的不断发展，为小企业创造更丰富的数字银行服务的机会只会不断增加。埃森哲公司的一项调查发现，如果银行能够提供更多以业务为中心的服务，约60%的小企业会增加银行业务的使用。仅在英国，如果银行能更好地与中小企业合作，在2020年就能产生85亿英镑的额外收入。

传统银行对这一领域缺乏兴趣，这也为规模较小的新运营商、替代性贷款机构、获得授权的金融科技公司、零售组织和技术公司打开了大门。得益于欧洲的PSD2，他们现在可以很容易地接触到中小企业，提供更广泛的低成本金融产品组合。如果不再使用传统银行，许多中小企业可以大幅降低其财务转型成本。

挑战者银行和替代性融资提供商对这一领域的兴趣更大，尤其是监管方面的变化，使他们更容易向这个极为理想的银行业务部门发放贷款，并交叉销售其他产品。

这一点非常重要，因为与大多数零售消费者不同，中小企业在经历创建、成长到成熟，甚至是面对困难时恢复或更新的各个阶段时，都需要不断地获得各类服务。除这些需求之外，还有管理企业的企业家和董事的要求。

如果银行想更好地服务这一领域，他们将面临来自同行和专业贷款机构（如Prosper和Funding Circle）、资产负债表贷款机构（如Kabbage）以及贷款平台（Fundero和Lendio只是其中的两个例子）日益激烈的竞争。

某些银行已经意识到了这个机会。法国人民银行（Banque Populaire）已经成为这个领域的专家。它雇用了一个1000人的团队，通过150个专门的商业中心为大约128000个中小企业的客户群提供服务。法国人民银行的目标是，根据中小企业的营业额，为每个客户创造真正的差异化体验而增加价值。该银行为微型、小型和企业客户提供不同的服务，根据他们的情况和具体需求进一步细分。

斯堪的纳维亚半岛上的主要银行北欧联合银行（Nordea）也提供了相似业务，它根据企业的行为模式而非企业客户的规模，定义了五组不同的企业客户。刚刚成立的企业通常很难从银行获得信贷额度，但他们可以获得银行提供的支付服务，帮助公司扩大规模或增长。另外，银行还根据行业类型对层次进行了细分，确定用户的特殊需求。例如，水管工或木匠可能会面临严重的现金流问题。

该银行还与专业人士、知识劳动者以及具有更复杂需求的大型雇主合作。前者通常是支付钱包等新产品的早期用户。例如，由于经常向大量用户发放商用信用卡，银行需要一个更复杂的费用管理体系，确保卡片能够满足用户需求、用户能够负责任地使用信用卡产品。

像万事达这样的老牌企业也在关注这个值得提供更多定制产品和服务的巨大细分市场。万事达欧洲中小企业产品负责人迪克·保罗（Dick Paul）负责确定中小企业客户的需求，密切关注监管趋势和可能带来商业机会的零售银行业进展。保罗称："银行一直非常乐意通过提供透支额度或小企业贷款来帮助中小企业实现现金流，这将使这些企业花费更多的钱。"但正如他所指出的："更积极的方式是提供一套工具和服务，使小企业能够更快地从客户那里获得资金，增加他们和供应商的支付灵活性。"

破解中小企业市场

如果银行想要真正地从中小企业的商业机会中获益，它们必须首先在发票、收款、工资工具和贸易融资等领域，为小企业市场量身打造高度差异化的产品和服务。而且，如果确实认真考虑的话，传统银行将寻求建立一个功能强大、简单易用的平台，帮助中小企业更好地应对复杂、琐碎的日常行政和财务活动。银行特别需要做的是帮助这些客户更好地管理现金流，因为中小企业的关键指标是现金流管理，而非损益。

除此之外，银行还需要注意不将联系紧密的中小企业业务账户和其所有者的私人账户视为独立实体。另外一个加分项是，向中小企业提供关于潜在融资的快速、灵活的决策，以及与信贷控制、法律事务和供应商管理有关的建议。像更先进的银行一样增加虚拟关系助理业务，也将为资源紧张的中小企业提供一系列功能相当强大的服务。

传统银行可能不愿意进入这个市场的原因之一是，中小企业客户的财务报表缺乏足够的透明度和可靠性。私人企业没有上市公司一样的披露需求，因此这种不透明性的缺乏可能使银行不愿意与其进行交易。

幸运的是，这是另一个技术可以起作用的领域。大数据解决方案允许银行分析结构化和非结构化的贷款选项，以评估和监测中小企业带来的持续风险。

在已有的基础上再接再厉

那么，你应该把重点放在哪里？基于现有能力的优势继续向前迈进显然是合理的策略，但这只是一个部分。仅仅因为你曾经在某个特定的、利润较低的领域取得成功，并不意味着你就一定要在这个领域加倍努力。

如果你要创造一揽子新鲜的产品和服务，你需要打破旧有的全能银行思维模式，但这并不是为了标新立异。例如，如果一家大型企业银行把投资和零售服务混在一起，则会导致一个复杂的混乱局面，而不会带来任何实际的益处。

相反，关键在于基于银行现有能力，创造一个最优的、差异化的产品和服务构成的组合，填补目前的空白，抓住机遇并帮助自身抵御威胁。

而且，重要的是产品和服务组合的创造需要以可控的方式进行。即便竞争对手已经在各个方向上提出了有吸引力的价值主张，也不能简单地以在现有产品的基础上增加新功能的方式应对。这种方法非但行不通，而且可能会使情况变得更加糟糕。因为它给一个已经过时的模型增加了更多的复杂性，增加了产品管理和风险评估的难度。

银行最不需要奇异的产品，这会增加无法量化的风险，因为它们可能会在重组资产负债表时出现问题。使用预测性分析确定你的最高风险客户，并对其进行相应的管理可能会更合适。例如，如果你捕捉到70%的整体风险存在于仅仅20%的贷款组合中，那么你就可以对整体风险存在的位置有更好的把握。

当金融市场处在像过去十年那样的不稳定状态时，流动性管理比其他任何时候都要复杂。任何转型战略中都需要将突如其来的市场波动、储户行为的转变或颠覆性事件——如新冠疫情后的不良贷款潮——纳入考量。

不要忘记流动性

无论何种战略地位都会对银行的流动性产生影响，而这一点可能是最重要的考虑因素。你最不希望看到的就是沿着可能会耗尽你资金的错误道路一路狂奔。

2008年的金融危机表明，这种情况发生得有多快。2018年以来，欧盟的新会计准则要求银行对借款人的财务健康状况进行更多的前瞻性评估，并将使未来注销和债务重组对当前收益和资本状况的影响更加凸显。

当前的情况是，随着金融市场的不稳定性和全球金融危机期间企业债务的大幅增加，尽管有着成本较低、供应充足的流动性，但是银行对发放新的信贷变得更加谨慎。

这也会带来益处，因为在未来几年中，流动性将越来越成为关注的焦点，因为传统银行需要重组资产负债表，以解决下面这两个资金黑洞：

第一个是维持业务线和产品组合所需的监管资本数额越来越大，这可以通过退出某些市场或清理过时的产品线来解决。

第二个是需要预留额外的资本用于支付新冠疫情后的不良贷款。处理迫在眉睫的不良贷款将是一个更大的挑战，而且需要非常谨慎的管理。虽然银行一直在逐步注销不良贷款，但尚未将其计入贷款利润率。一旦计入，将会严重影响其赢利能力。

因此，银行必须确保，在将支票和储蓄账户等短期存款及其他资产转换为长期贷款时，不会对其流动性产生负面影响并增加风险。

随着流动性管理变得越来越复杂，银行必须通过一个强有力的战略基于资产、负债和表外项目来评估未来的现金流，为应对未来的市场转型和储户行为变化做好准备。而且，为了预测潜在的流动性短缺风险，银行需要定期进行财务压力测试，以评估在各种情况下对流动性风险的容忍度。如果结果与特定的"流动性事件"的情况不符，那么可能需要重新设计产品，以满足客户的需求并优化资本和流动性。

如果银行确实需要产生流动性，它们可以通过以下方式缓解一些压力：出售非流动性资产；购买更多的流动性资产；缩短资产的偿还期限；延长短期批发融资的偿还期限；减少承诺的信贷额度；增加零售存款以减少现金外流；或发行长期批发债券以购买流动性资产。

由于银行之间的竞争往往会使股本水平低于其效率点，因此，越来越重要的是，更有效地利用资本、实现债务和股本融资的最佳组合、使公司的市场价值最大化，同时使资本成本最小化。虽然债务融资可以抵税，理论上资本成本最低，但过高的债务会增加股东的财务风险，股东会要求更高的投资回报率作为回报。这就为力求实现左右平衡提供了另一个理由。

确保资本效率，将会涉及持续监测资产质量以确定任何恶化的情况。印度储备银行（Reserve Bank of India，RBI）发布的《金融稳定报告》（Financial Stability Report，FSR）强调了这样一个事实：如果以投资回报率和投资收益率衡量，银行的赢利能力已经明显下降。而且，我们都观察到了次级抵押贷款市场的问题。

《巴塞尔协议Ⅲ》等法规已经要求银行确保它们拥有足够的资本准备。然而，随着许多传统业务的利润率下降，银行已经开始开发资产负债表外的产品，作为提高费用收入的一种赢利方式，如贷款承诺、信用证和衍生证券等。

挑选正确的战场

在这短短几页的内容中，我们不可能规定每家银行需要完成的任务，或是向所有银行提出完备的建议，因为给出建议之前需要对任何银行的结构和概况、市场和客户的人口特征、现有技术、合规义务和竞争压力等要素进行深入分析。不仅如此，每家银行都会根据自己对行业发展方向的独特观点，对如何融入未来金融市场的竞争格局方面有着不同的理解。

因此，确定传统银行的核心定位机会是可能的，尽管所有的机会并不一定都适合每个特定的机构。但是有一点，不论银行的长期目标如何，所有银行都应该尽可能地提高自己的效率。这一点应该不会有任何争议。无论你认为银行业的到达点在哪，追求更高的效率与其说是一道选择题，不如说是成功的必答题。

正如我们之前所讨论的，提高效率将会涉及削减产品组合、减少流程复杂性和消除垂直业务线所造成的信息孤岛等事项。你也需要使用人工智能、RPA、数据分析和机器学习技术。一旦你开始了这个过程，你再也无法阻止技术的不断叠加，因为系统中仍然存在的每个人工流程，都会为周围的其他流程带来难以忍受的效率压力。除非能够去掉系统中的每一个薄弱环节，否则你将无法为消费者提供他们正在寻求的高度个性化的无缝体验。

如果你缺乏有效扩大规模的资源，那么甚至不要考虑试图重塑业务，只需专注于推动生产力，使你的银行尽可能地高效即可。当然，如果没有真正的创新，就不可能保持与颠覆者的竞争，但是你可以为之后的收购增加价码。

但是，正如我们反复提到的，关键是不能为了引进技术而引进技术，因为这可能导致你犯下成本极高的IT错误。回顾一下20世纪80年代的教训：当时的企业引进了价格昂贵的客户资源管理（CRM）系统，希望能够构建全方位的客户视图，充分了解他们的客户，但是他们难以获得质量足够高或数量足够大的数据输入系统，因此像甲骨文（Oracle）的CRM解决方案这种价格昂贵的IT系统只能闲置。引进或收购新系统之前，银行必须已经拥有足够的能力管理新系统与其他业务系统的整合。

如果目标是为了长期发展，那么你需要做的不仅是提高效率。也许你可以"挑选一个地点"，通过创造一个特殊的价值主张，成为某个特定产品领域或细分市场的品类杀手，构建其他人无法比拟的巨大优势。然后，你的优势就会成为竞争对手们进入这一市场的障碍。

如果银行拥有足够的信心，它们也可以尝试自己构建技术实力。橘子银行就是一个例子。2017年，橘子银行开始在法国运营，现在已有超过100万名客户，每个月还有2万名新注册客户。2018年，橘子银行进入西班牙。6个月后，该银行在西班牙开办了完全移动的业务，通过苹果支付、三星支付和谷歌提供支付服务。此后，该银行还与房地产服务平台Nexity签订了合作协议，向用户提供房屋贷款。目前，该银行3/4的新客户来自银行账户，每周至少进行一次交易，其余的客户则来自贷款业务。

橘子银行的业务范围现已扩展至非洲。该银行在非洲专注提供高可及度的解决方案，例如小额信贷服务，使得人们能够使用手机实时借到小额资金。这些都是该银行希望成为西非包容度最高的金融机构的宏伟目标的一部分。

但是，传统机构在考虑走上这条路之前，需要接受不甚乐观的市场现实。因此，尽管许多银行可能本能地认为它们也可以做到（你行我也行），但它们的过分乐观其实是一种错误，因为在大多数情况下它们将无法复制或模仿橘子银行的成功。

目前市场的状况是大多数银行根本没有足够的实力与占据同一空间的强大的金融科技公司竞争。但是，如果你不能在正面交锋中获胜，又有什么解决办法呢？

答案显而易见，如果竞争不过金融科技公司，那么对大多数银行来说，唯一明智的解决方案就是加入它们。此处，我们希望向银行领导者传递明确的信息——不要把加入对方看作某种失败。相反，这是一项非常明智的战略举措，是对市场现实的回应，不需要抵制。事实上，这也是唯一可行的做法，因为与金融科技公司合作并不是在削弱银行的实力，而是增加了银行的实际价值。这种合作可以使你专注于对客户来说最重要的事务，而不再需要担心你的技术基础设施水平。

银行必须明白的是，技术不再是市场上的一项差异化因素，而是确保你能够从客户那里获取所需信息的重要推动力。获取信息之后，你可以利用强大的分析技术为客户提供他们所寻求的丰富而相关的体验。请您记住，一家银行的业绩表现并不是与其他银行相比，而是与消费者在亚马逊等主要零售平台上享受的卓越服务和体验相比，不管对错，他们都会越来越多地对与之打交道的人产生同样的期望。

澳大利亚联邦银行同样意识到了这个信息，将房地产公司的信息与GPS技术结合起来，优化客户的购房过程。这一变化带来了真正的价值：它允许购房者在开始交易之前了解房屋的所有真实情况，获得预先审批的贷款完成购房。

实际上，通过与金融科技公司的合作，你将会摆脱IT部门一直以来对银行业务的束缚，之后，你会突然发现拥有了更多的灵活性以及一系列的新能力，就可以专注于真正创造价值。

通过利用他们的专业知识，你可以继续搭建电子商务平台。或者更好的情况是，充分运用这种伙伴关系，创造一个以嵌入式金融的模式来充分利用银行核心产品、独特的基础设施或许可证的市场。如果顺利的话，这种后端模式可以为传统银行创造巨大的收入和价值。当然，走上这条路意味着银行将会成为一个更广泛的生态系统的一部分，需要改变自己的企业心态。这一点我们将在后文提到。

但是，这就是抓住加密货币领域新机遇的银行抢占先机的过程。尽管这些"替代币"仍然只在金融领域中占很小的一部分，但投资者对他们的兴趣正在不断增加。2019年，加密货币的市场价值约为2400亿美元，几乎是前一年（1280亿美元）的2倍。随着各国中央银行现在正在考虑推出自己的加密货币，一些大公司已经意识到了可能出现的机会。据称，高盛在2021年5月设立了加密货币柜台，作为其全球货币和新兴市场交易部门的一部分。虽然该公司最初的重点似乎是比特币衍生品，但其目标是开始与选定的加密货币交易机构合作，以扩大其产品线。

当你意识到这种合作将会如何扩大你的视野时，整个世界都会向你打开大门，因为你不再将金融科技视作威胁，而是作为可以把你带到一个全新到达点的垫脚石。想象一下，你不再像过去那样被"技术人员"所说的哪些能做、哪些不能做紧紧束缚。相反，你可以在需要的时候从一家金融科技公司转到另一家，根据你的不同需求，嵌入不同技术所提供的功能。穿过隧道，无限光明——这就是为什么越来越多的银行选择这种方式。

总部位于多伦多的加拿大皇家银行就是一个很好的例子。它与数字支付基础设施供应商Extend Enterprises合作，共同打造了一款虚拟信用卡产品，通过移动应用程序提供，不影响安全性或对消费行为的掌控。

像这样的金融科技公司与银行合作的例子还有很多，在消费和商业银行领域有BBVA（与Simple、Digit、Catch、Azlo、Wise合作）和Radius银行（与Brex、Treasury Prime合作）；消费贷款领域有Cross River（与Affirm、Upstart、Seedfi、Stripe、Upgrade、Best Egg、Coinbase、Finix、Rocket Loans合作）和WebBank（与LendingClub、Prosper、Avant、Petal、Upgrade、Klarna、PayPal Working Capital合作）等。

部分银行没有寻找第三方金融科技公司作为合作伙伴，而是联合起来组建自己的金融科技公司，例如丹麦银行（Danske Bank）、北欧联合银行（Nordea）、瑞典北欧斯安银行等行业巨头。这几家银行聚集资源，组建了金融科技公司Invidem，旨在成为共享、验证和报告交易和客户数据的中央交换中心，改善合作伙伴的KYC和反洗钱业务。

在利用金融科技公司的力量在某一领域建立起自己的优势之后，您可以通过与金融科技公司的合作将自己的产品扩大到市场的其他部分，或是向现有的客户群交叉销售新产品。观察橘子银行的做法，我们可以发现橘子银行遵循着一个专门为适应不同地区市场机会和竞争强度而设计的战略运行。

当然，所有这些都需要一位能够灵活自如地超越常规、二者兼顾的CEO。如果你想在竞争中脱颖而出，你需要用新的眼光审视当前的业务，而不仅仅是命令别人"给我多设计几个贷款产品"，因为它们只不过是商品而已。

虽然与金融科技公司合作是许多小型银行的最佳途径，但对于大型机构来说，另外一种可能性是成为自己开发的白标产品组合的批发商，然后向第三方或通过第三方销售。同样，如果有金融科技公司的帮助，这一尝试可能会收效更佳。

提供基础设施即服务（IaaS），甚至向小型或非金融机构"出租"你的资产负债表也会带来机会。银行在向零售商提供信用卡结算服务时已经在这样做了。20多年来，Bancorp一直在为非银行公司提供所需的人员、流程和银行技术。正如他们所说："将我们合作伙伴的业务推向未来"。

随着数字银行业务的发展，未来还会出现更多的机会，尽管其中大多数机会可能仍然仅对大型金融机构开放。

最后，还有一种方法，即机构完全重塑自身，从而利用感知到的机会，或是更好地装备自己，从而在几个细分市场上与原生的数字破坏者竞争。例如，阿利银行（Ally Bank）最初的身份是通用汽车旗下的汽车租赁公司，之后全面转入银行业务，再之后开始开展数字业务。再后来，它将目光聚焦于线上经纪服务，最后专注数字财富管理。

这种转型是最具挑战性的选择，也只有财力雄厚的大银行才可能实现。即使如此，也并非每家银行都能做到。无论你的战略有多高明，执行的时机都极为关键。知道如何把握执行的节奏可以决定战略的成败，因为你必须在任务的紧迫性和将流程嵌入更广泛的生态系统后再执行之间取得平衡。如果你的战略太草率，那么你将会创造出一个不断变化的、不稳定的内部环境，最终导致企业的全面崩溃。

以德意志银行在20世纪90年代和21世纪的经历为例，当时它可能在奉行可以说是过度兴奋的政策，最终只能像无头公鸡一样到处乱跑。当然，唯一的结果只能是自找麻烦，德意志银行正是如此。

这家拥有150年历史的银行在海外迅速扩张，以至于一度成为全球最大的贷款机构和顶级贸易公司。但是，在2008年信贷危机之后，它被美国监管机构罚款19.3亿美元，预示着巨亏的到来。德意志银行的问题是由错误的战略和低下的运营效率共同造成的，这一点也值得其他公司留意。

过度追求业绩的快速增长，使得德意志银行变得越来越脆弱，需要进行一段时间的快速缩减，而这会让人感觉它已经失去控制。由于缺乏资本，德意志银行不得不缩减其固定收益团队并砍掉整个股票交易部门。随后，该银行采取了代价高昂的"收缩增长"战略，也就是说，在过去多年投资于其他区域之后，重新向国内收缩。与德国商业银行的合并尝试告吹则使局面更加混乱，以至于COO金·哈蒙德（Kim Hammonds）表示德意志银行是她工作过的"功能最不健全的银行"。

所有这些转变都发生在董事长保罗·阿赫莱特纳（Paul Achleitner）身上。他主持了该银行自2012年以来的每一次失败的转型。关于合适的领导者对任何寻求转型的银行来说有多么重要，还需要进一步说明吗？

会不会让银行走得更快？

本章的内容是传统银行应该选择哪里作为未来的战场，而不是寻找方法打一场历史战争。

构建一个允许你选择战场的战略，需要对行业的到达点进行大量的预测和判断，也需要对银行应该完成和能够完成的任务进行充分的反思。这意味着在细微的层面上提出许多艰难的问题。

对于每一项决定，套用2000年悉尼奥运会上获得金牌的英国男子八人赛艇队的一句话，"是否可以让银行在未来走得更快？"二者兼顾的CEO必须对银行计划采取的每一项行动、制定的每一项管理流程、部署的每一项技术都提出这个问题。

问题的关键是，是否能够甩掉会计实务带来的枷锁，以及对注销过往IT投资的恐惧。这些都与需要做的事情有关。

如果所做的事情不能通过提供真正适合客户需求的产品来增加价值，从而更好地"服务"你的客户（我们知道"服务"这个词非常糟糕，我们写下这个词的时候也在咬牙切齿），你最好再仔细考虑一下。

银行的领导层必须为自己设定延伸目标和"不可能"的时间表，迫使他们对商业模式进行大胆的反思，而且速度一定要快。

　　完成一次之后，领导层必须准备继续下去。即使您已经为银行业的到达点构造了一个清晰、确定的画面，这个工作也不能一蹴而就。世界正在飞速变化，尤其是在后疫情时代。这也就意味着坚决不能跟随从不审视或回顾自己战略的那一半CEO的步伐，他们在完成这些夸大其词的宣言之后，就将其束之高阁，再也不提起。

　　传统银行的领导者绝对不可以犯这种错误。如果领导者需要在自己和竞争对手之间留有足够的空间，弥补组织容易受到攻击的差距和弱点，则必须不断地审视自己的想法和观点。

　　如若不然，他们的业务将变得不再重要。自2000年以来，52%的《财富》500强公司已经合并、收购或宣告破产。当然，这种命运并非不可避免。如果传统银行开始视"敌"为友，找到与那些颠覆性金融科技公司合作的方法，传统银行未必不能逃脱悲剧的命运。关于这一点，我们将在下一章中讨论。

第十章

颠覆者的
思维

　　这本书的主要内容有关银行业的未来，那么，让我们把目光投向那些正在积极重塑行业的领导者。我们邀请了两个行业颠覆者组织的CEO，向他们提出了一系列问题，询问他们的观点。

颠覆者的视角

　　第一位受访者是英国挑战者银行Tandem的前任CEO里基·诺克斯（Ricky Knox），专注通过移动应用提供银行服务。Tandem银行由诺克斯于2013年共同创立，总部位于伦敦，自开业以来业绩已实现大幅增长。2018年，通过一项带来近2亿英镑贷款额、超过3亿英镑存款和近8000万英镑资本的交易，Tandem收购了Harrods银行。到2020年年底，Tandem拥有约80万名客户。Tandem的客户被"自动储蓄"等功能所吸引，该功能允许用户将其账户中的钱自动转到特定的储蓄罐。

　　以下是我们与诺克斯（下文简称RK）对话的摘录。

　　您认为银行业的行业终点是什么？

　　RK：我认为，英国将由一种新的银行主导。这种银行拥有消费者界面，提供极为不同的、明显改进的服务水平。如苏格兰皇家银行等现有的银行将不得不裁员，专注批发业务。如果你不想经营高端财政业务，愿意利用别人的渠道展开运营，你会成为所谓的"下水道银行"。

因此，最终会有一些今天的大公司与某些消费者银行和行业专家一起，了解特定的细分市场并建立一个银行对其展开服务。

美国的情况则略有不同，美国的非银行金融机构是拥有消费者群体的前端公司。尽管如此，我相信未来银行机构将会在英国和欧洲的大部分地区发展前端业务。

因此，我认为全能银行模式将会消失，由一个更加分散的空间取代。

而且我预计未来的收费内容还会增加。美国现在已经有针对往来账户和其他银行服务的收费模式。在英国建立这种模式会比较困难，原因是它从根本上挑战了消费者的思维。但我认为，基于订阅的服务在未来会越来越多地出现，部分原因是"千禧一代"和"Z世代"的消费者习惯于以订阅的方式支付费用。但是，我确实认为，随着消费者的成长，未来可能会出现改变整个行业的一些收入模式的重要商业机会。

技术如何对市场产生影响？

RK：比如说，在过去，技术可以为你带来20%的竞争优势；而现在，这个数字上升到了80%，原因是现在非常关键的获客流程正在网上完成。从颠覆性的角度来看，对我们来说，这种转变的速度非常快。因此，英国的新银行在短短几年内客户就从零增加到了1000万名。

举例来说，如果想要使用新银行的服务，你可以下载一个应用程序，并在3分钟内完成信用卡开户。我们的应用程序非常容易使用，因此，人们在探索应用程序之后，最终会获得他们认为不需要的额外产品。它还创造了客户界面，降低了获客成本的同时提升了客户黏性。这两点都是十分有用的，但是更重要的是，它同时可以让客户喜欢我们的产品。在Trustpilot上，我们有着80%的正面评价，主要来自一个深受客户喜爱的、了不起的功能——自动储蓄。

老牌银行的用户可能不会获得这么多的服务。例如，直到几年之前，巴克莱银行的网站上还没有数字贷款流程。

新冠疫情无疑加速了数字的渗透。现在，在英国，80岁以上的老人几乎人手一部iPhone，方便与他们的孙子孙女进行实时视频通话。老人可能不是很擅长使用智能手机，但是，现在的孩子们可以教会爷爷奶奶怎么在网上开户。

这意味着以配备仪态优美、面带微笑的工作人员的分行为基础的传统模式将不复存在，同时也会打击小型建房互助协会和信用社的竞争力，并最终导致它们的消亡。并不是说你不能继续为那些不希望使用在线交互的人提供服务，但这种服务可能会变得更加困难。

因此，在未来十年里，那些在获取新客户方面无法取得竞争的老牌企业最终将不得不进行整合或走向消亡。当传统银行意识到这一点的时候，因为资金流已经在新兴颠覆者的掌握之下，它们可能没有足够大的规模来应对这个挑战，而这些新兴颠覆者到时候会成为成熟品牌。

传统银行能否在战略上保护自己？

RK：如果我现在担任某家大型银行的CEO，我会格外关注现存的大企业客户，因为这一领域的关系模式仍能保持非常好的运转。如果某家大公司得到了高质量的、个性化的服务，他们就没有理由转移到别处。但是，我会把中小企业和零售业让给新一代的专业前端银行。

然后，我会加大对系统的投资，关注未来的下一个细分市场，努力构建一些令人惊叹的东西。我可能会选择一个规模足够大、足以让我专攻并取得领先地位的中型企业细分市场。

这样一来，我就可以与那些拥有敏捷的IT系统的对手竞争。竞争对手们正在获得银行执照，沿着这个垂直方向向我们不断走来。实际上，我会增加我提供的服务。因此，我可能会开始免费提供系统，例如，向中型销售点系统的前端赠送，或者甚至购买销售点供应商本身，获得一家小工厂用来生产商品，这样一来，我就可以成为线上线下高街百货的绝对王者。

像Tandem这样的颠覆性银行是如何比传统银行更好地获取数据并变现的呢？

RK：首先，你必须把银行转移到云上，因为你的银行不可能再在任何物理服务器上运行。这里有一个例子：

之前，我们的CTO曾经为一家以色列银行建立了大数据阵列，耗资5.8亿美元，花费5年时间。在他加入Tandem之后，基本上使用云工具复制了这个过程，花费2年时间，总成本大约250万英镑。

现在，有了谷歌公司最新的云计算服务，你几乎可以在12个月内用10个人建立自己的大数据阵列，而不再需要用200个人和3年时间。

即便如此，把银行转移到云上并非易事，需要很多非常专业的技术知识。银行会发现自己很难坚持下去，因为真正优秀的技术人员或真正优秀的数据科学家并不钟爱银行。

数据给你带来巨大的优势。因此，保险业和银行业都是希望极大的行业，因为它们有着巨大的数据集。由于保险和银行业商业模式的核心和本质还是风险评估，因此，它们如果拥有更多数据，就可以更好地评估风险。

但是，只有当你有工具来利用数据时，才能做到这一点。因此，真正的挑战在于，如何建立正确的大数据阵列，以便充分利用你所拥有的海量数据。而从理论上讲，一旦你的大数据阵列能够正常工作，你做出的决策则会优于其他银行的长期决策。因此，Tandem构建了一个主模型，供我们可以测试所有的变量，以确保我们所使用的变量能够帮助我们做出更好的决策。

大银行要花多长时间才能追上Tandem这样的公司？

RK：数字工具的发展速度非常快，最终，大银行也会进入这些领域并开始使用这些技术和工具。10年后，Tandem是否仍处于优势地位？我不知道。

您如何预估嵌入式金融和本地数字银行为电子商务提供的机会？

RK：我不知道嵌入式金融是否会像支付那样被驱动，这完全是围绕谁可以构建最简单、最漂亮的应用程序接口（API）的问题；我也不清楚最终我们是否会得到一个去中介层，它允许嵌入非常灵活的软件。

很明显，银行在建立接口方面存在困难，而它们可能永远无法正确地建立自己的API。更合适的做法可能是，与某些可以帮助他们在前端搭建非常漂亮的API的对象合作或交易。因此，未来可能会出现一类新型的精心策划的公司，其定位在于银行和稍显笨拙的批发、嵌入式金融银行之间。

不太擅长技术的公司可以与几个不同的API供应商合作，

创建嵌入式金融体系，我认为这是市场结构未来的发展方向。嵌入金融的赢家要么是与特定机构合作的技术中介，要么是像格里芬（Griffin）这样的API银行。

未来的机会在哪里？

RK：我认为，未来API银行领域有着一个非常有趣的机会：从前端的深度技术驱动的公司开始，向其他科技公司提供API银行服务和嵌入式金融。

数字银行还有两大机遇，或是创建拥有一个系统从而能够实现自身差异化的数字银行，或是建立并成为新的首选平台。

您认为银行即服务（Banking as a Service）是挑战者银行的自然延伸，还是一种完全不同的商业模式？

RK：我认为它是一个不同的商业模式，而且对银行来说，它提供的机会可能比对科技公司更多。

您对现在正在寻找转型的银行有什么建议吗？

RK： 第一，转型是必须的。大银行需要全面更换他们的系统。除非银行完全梳理管道，否则将无法竞争，因为他们无法提供像Tandem这样的公司相同水平的服务。而且，不要以为你已经完成转型，因为你总会遇到一些东西，不仅需要重新配置，而且需要重建。例如，我们在一开始时认为，如果我们建立了一个灵敏的数据堆栈和前端层，我们可以随着时间的推移实现差异化，并充分利用后端的优势，但实际情况并非如此。因此，在我们的旧堆栈中，我们建立了称为"万能发起链"的架构，这意味着你是在Tandem而不是特定的产品注册。只有当你开始输入数据后，我们才把数据保存在某个特定的应用程序。但是，由于后端的工作模式，我们永远无法构建一个一键式的用户旅程，因为我们使用的是两套架构不同的系统，而每个系统会生成不同的数据请求序列。因此，我们从来没有实现过万能发起，但我们确实保证了这一额外旅程没有任何摩擦。

第二，把转型当作对你所有的系统的改变，你可以逐步完成。假设我是一家优秀的老式银行，我也可能等上一两年，直到像Mambu和Thought Machine这样的家伙停止实验，在它们提供的后端系统上有所突破之后再开始。

第三，一定要选择一家拥有5~8年历史的供应商——不能多也不能少——这样你面对的将是一家有足够成熟度的企业。我期望的供应商正在使用AWS或其他某个技术驱动的平台。比如，我不想与使用Azure的公司合作，因为这就等于是在告诉我，它们不尊重技术。

第四，不要想着把大量人员一股脑儿地投入转型项目中，因为这样做不仅不会降低风险，而且只会浪费更多的金钱。相反，你可以与拥有50~100人的团队合作。

上文就是我们与Tandem的里基·诺克斯的访谈。

像许多金融科技公司的领导者一样，诺克斯认为，旧的传统银行模式已经死亡，取而代之的将是Tandem之类的各种新竞争者。它们重点关注细分市场，并且高度受技术驱动。然而，他仍然预期，如果传统银行能够以适当的方式重塑自身，还会有一些希望。

那么，我们的另一位访谈人，橘子银行（Orange Bank）的负责人保罗·德·勒斯（Paul de Leusse）的想法又是怎样呢？他所负责的公司的发展历程与Tandems十分相似，他是否也对市场持类似看法？

自2016年收购Groupama银行以及2017年开始作为纯移动银行提供服务以来，橘子银行无疑给市场带来了新的活力。橘子银行现在在欧洲大约有160万名客户，在非洲有60万名客户。2021年年初，橘子银行通过收购专注于小型企业和专业人士的法国新银行Anytime，扩大了其银行服务组合和客户群。

虽然目前的业务主要集中在法国，但是橘子银行的业务范围已经扩展到西班牙和科特迪瓦，同时正在积极寻求国际发展，计划扩展至欧洲各地。其目标是到2023年获得500万名客户，尽管这个数字肯定会根据新冠疫情的情况进行调整。

公司的视角

以下是我们与保罗·德·勒斯（下文简称PL）对话的摘录。

成为电信银行的好处是什么？

PL：客户流失率一直是电信公司最关心的问题之一，因为其15%~20%的流失率要高于银行。所以，我们做的任何事情都是为了减少这种情况的发生。以我们为例，由于（银行与电信运营商）橘子电信的关系，我们与客户的关系比传统银行更加亲密。因此，西班牙市场中我们的客户流失率是原来的1/2。

与橘子电信的关系不仅有助于保护我们免受可能会破坏我们与客户关系的GAFA（谷歌、苹果、脸书和亚马逊）等科技巨头或中国同行的影响，同时也使橘子银行能够进入橘子电信的客户群。与大多数电信运营商一样，客户群的规模远大于银行。我们在法国大约有2500万名客户，其中每天至少有500名客户利用我们的600家分店网络。

我们还能够以传统银行无法实现的方式利用客户数据。例如，通过查看用户如何使用移动电话，我们可以判断他们是否正在考虑更换银行，之后我们有针对性地向他们提供银行服务。

或者，我们也可以使用电话数据预测信贷风险。事实上，我们发现，电信数据比银行数据更适合做出预测。在非洲，我们可以把钱借给那些银行永远不会给他们放贷的客户，因为我们可以基于他们的电话和移动钱包的使用方式来了解他们的还贷风险。

另一个例子来自罗马尼亚。即使银行可以获得客户的税务数据和信用数据，但是似乎电信数据比这些公共数据更能反映出客户的信用风险。

银行数据只能帮助你了解客户3个月前的情况，但是这种信息加上技术相关的数据则可以告诉你某个人当前的状态，从而帮助你更准确地把握状况。因此，如果用户在某一天丢掉工作，我们从用户通话的模式上就可以判断出来——用户在什么时间通话、通话多少次等数据都会有明显的改变。

当然，数据隐私也是我们非常关注的话题，只有在获得客户允许的情况下我们才会使用这些电信公司的数据。

拥有这样准确的数据意味着我们正在帮助银行业务实现大众化。目前，我们在非洲有一半的客户都来自非正规经济部门，所以，我们的数字银行模式是在为他们提供自己认为从来不可能出现的东西。即使在欧洲，我们也有许多客户以前从未考虑过使用新型数字银行业务，因为他们认为这些服务只属于富人。尤其是在法国，我们的大众市场客户比富人客户更多。当地橘子银行客户的平均月收入约为1900欧元，基本与法国全国的平均收入水平相同。

电信公司是否必须与银行合作?

PL:我认为电信公司与新兴国家的银行合作不会带来好处。许多成熟的非洲银行对于获得我们超过1亿人的客户群体非常感兴趣,但是,我不认为与他们分享我们的客户群、数据或网络有任何价值。我们自己创立了非洲橘子银行(Orange Bank Africa),没有得到任何成熟的非洲银行的支持。

当然,在更成熟的市场,情况更加复杂。但是,即使在法国和西班牙,我们选择创立我们自己的银行,因为我们希望与客户有密切的联系,这对我们非常重要。当然,虽然我们认为我们现在可以没有银行合作伙伴,但未来这种情况也可能会改变。

与传统银行相比,您的技术是否给您带来了优势?

PL:业务运行在公共云上——我们选择了亚马逊——确实给我们带来了竞争优势,但更多的优势来自更大的业务灵活性而不是成本的降低。举例来说,这意味着如果我现在决定推出一个新产品,可以在6个月内完成,而不是像银行那样需要两年时间。

我们总是希望通过增加或改变功能来优化我们的应用程序,作为原生云组织,我们正在以每周三项的速度推出新功能。我想,传统银行一年最多可能只能发布七八个或是十个功能。相比他们,我们的效率可以大大提高。

您如何看待"银行即服务"（BaaS）？您对这个概念感兴趣吗？

PL：是的。我们的信息技术真的很优秀。我们在应用商店的评分是4.95分（满分5分）。就应用程序的质量而言，目前我们在所有西班牙银行中排名第一。我们已经接触到了BaaS，并且已经与一些欧洲之外的电信公司展开讨论——因此，没有竞争风险——他们可能有兴趣从我们这里获得BaaS。

您对整个银行业的未来有什么展望？

PL：我认为我们正处于全能银行模式的末期，因为未来不再需要。但我对传统银行没有那么悲观，因为它们已经证明了自己的变革能力。确实，传统银行的传统IT技术和系统是一个很大的问题，但是它们拥有庞大的客户群体。我认为新冠疫情可以让它们更清楚未来应该朝着什么方向发展。

如果我是一家传统银行，我最担心的不是衰落，而是由于新银行以更低的价格提供我无法竞争的产品，利润池大幅缩水。这意味着如果传统银行想要继续参与竞争，就需要重塑自己，提高成本效益。

如果说全能银行业务已死，那么10年后的电信银行模式会是什么样子？比如，不只是在欧洲，还有非洲？

PL：我非常确信，10年后非洲的四大零售银行都将是电信运营商，而我们将它位列其中。非洲的电信运营商已经在向用户提供贷款和移动支付服务，现在正在考虑设立银行以满足80%没有银行账户的人口的需求，他们没有得到传统机构的服务。例如，橘子电信已经进入科特迪瓦，沃达丰也已经进入肯尼亚。

当然，电信运营商对于在所谓的成熟市场推出银行服务要更加谨慎，因为存在着达到群聚效应和产品丰富度的问题。因此，虽然提供支付业务有利于吸引客户，但它并不是一个非常有利可图的业务，这意味着您需要增加消费贷款业务和其他产品。

上文就是我们与橘子银行的保罗·德·勒斯的访谈。

对于传统银行未来的命运，他和诺克斯的观点基本一致，均不认为传统银行会走向末路。但是，如果传统银行要开始与Tandem和Orange Bank等机构进行有效的竞争，他们可能不仅仅把金融科技公司视为竞争对手，而是视为在更广泛的金融生态系统中的潜在合作伙伴。

第十一章

一起愉快地
玩耍

金融服务正在围绕着客户重新组织，而我们正在见证金融服务的逐渐毁灭。谁能利用数据和数字以最相关、最令人兴奋的方式实现重组，谁就将获得胜利。

——谷歌云（Google Cloud）产品开发和新产品导入总监

阿尔文德·桑卡兰（Arvind Sankaran）

很久以前，银行曾经是大型、舒适的俱乐部。银行投资于自己的品牌，构筑自己的声望，以抓住那些多年来保持忠诚的客户，希望他们不会把资金转移到其他银行，让其他人管理他们的财富。客户之所以不会轻易地从一家银行转到另一家，原因是所有的银行都相差不多，从一家转到另一家是一件既复杂又耗时的事。因此，在"美好的过去"里，银行拥有客户，可以向客户交叉销售即使并不完全适合他们的产品和服务。

后来，银行业的格局开始发生变化。早在20世纪80年代和90年代，正如我们所见，第一批"入侵者"以保险公司和Egg卡的形式到来。在接下来的10年里，技术开始重塑金融市场的格局。但是，变革的真正催化剂是银行法规的转变，特别是像第二版欧盟支付服务法令这样的法令。"开放银行"的新时代由此到来。在2018年之后，法规规定金融机构在客户要求的情况下允许第三方访问客户的交易数据。交易数据现在是公共资源，而不再仅仅属于银行。

以前，如此深度的客户信息只能通过创建类似苹果支付等自营支付平台的方式获取；但现在，非银行金融机构可以凭借其尖端技术，基于客户的实际消费模式开发更好的产品。

Tink开放银行平台英国和爱尔兰国家经理拉法·普兰蒂尔（Rafa Plantier）表示："技术和开放银行的结合，为行业提供了一个创新和创造复杂数字产品的绝佳机会，这些产品在以前无法提供给走进分行的客户。"

开放式银行业务通过帮助创建一个远远超出了"银行正常业务"范畴的全新金融生态系统，彻底根除了所有旧的确定性并进一步划分了市场。这意味着所有的市场参与者现在都可以争取银行的优质客户，为其提供一系列金融产品和服务的最佳交易。新颠覆者的这种"摘桃子"行为使得传统银行只剩下越来越多的低利润产品，以及试图为越来越多无利可图的账户提供服务的成本。

开放银行打开大门

真正使开放银行发挥作用的是像我们之前提到的API中间媒介这样的新合作技术的出现，将不同的计算机系统和数据库相连，允许它们共享信息。这种新技术现在可以支持创建全新的金融生态系统，远超过去标准的一对一的"银行—客户"关系。

正如斯塔林银行的首席技术倡导者贾森·莫德（Jason Maude）所说："如果你作为一家银行不能提供这种连接……你就会像一座被铁路错过的城镇一样，会走向衰弱和消亡。包括中小型企业在内的客户是不会与依赖纸张流程的银行进行交易的。未来十年中，让客户能够以访问数字银行的方式即时、安全地访问数据，将成为一项必然要求，而不是什么花里胡哨的东西。"

当然，考虑到开放银行如何重塑金融服务，它对传统银行的日常业务造成了巨大的颠覆性影响，尤其是因为它导致了潜在竞争对手的爆炸性增长。2020年英国银行业的第三方供应商（TPP）数量从2月份的204家上升到11月份的289家。

毫不奇怪，银行倾向于将开放银行及其带来的一切视为某种威胁。但是，这些实际上更像是一个机会，允许银行将其收入来源多样化，这在市场动荡时期尤其重要。

某些银行已经开始抓住这个机会。例如，早在2018年，BBVA在美国推出了一个BaaS产品开放平台，允许第三方向BBVA的客户提供金融产品。汇丰银行推出了名为Connected Money的应用，允许客户查看他们所有银行账户、贷款、抵押贷款和信用卡的信息。巴克莱银行也推出了相似业务，允许通过银行的移动应用汇总管理账户。

尽管这类银行应用曾经是市场中的差异化因素，但它们现在几乎已经大众化。然而，即便如此也不应该降低它们为消费者带来的价值。有约82%的开放银行应用使用者表示，应用程序帮助他们改善了他们的资金管理方式。

合作的需求

总而言之，开放银行的真正特点是，它能使市场上的不同参与者之间合作，最终建立起互联的新型金融生态系统。这就是市场未来的方向。

渣打银行（Standard Chartered）就是一个例子。渣打银行的欧洲首席运营官马克·利弗（Mark Lever）称，与技术专家的合作"对我们的战略至关重要，因为我们知道，笨拙的银行平台和传统的银行方法不可持续"。

如果要保持相关性，保持能够与新来者一决高下的地位，银行需要成为整个大环境的一部分。除了规模最大的银行之外，在世界中做一匹孤狼并非可行的生存策略。

具有远见卓识和合作能力的企业，可以以其他方式加强自身实力，开发创新产品并更快地将其推向市场。只有通过与他人联手，它们才能够提供消费者所寻求的更高质量的体验。

桑坦德银行（Santander）执行副总裁兼全球数字支付负责人奇拉格·帕特尔（Chirag Patel）评论得非常恰当："建立伙伴关系的意义在于，当你找到客户的痛点时，合作伙伴能对你所拥有的技能和能力进行补充。解决这个问题不一定需要最新的技术。通常情况下，银行可以通过合作而不是内部建设来更快地进入市场。这种方法允许你以更令人难以置信的速度，而且可能还以更低的成本，做出一些改变，帮助你更快地实验并判断这些解决方案是否正确。把你的解决方案呈到客户面前，观察它是否有效，是至关重要的。"

上面的这些说明银行不需要"金融科技战略"本身，因为与他人合作现在应该已经成为综合业务、收入和运营模式的一部分。越来越多的银行已经承认了这个新的现实，并向金融科技公司寻求援助。

然而，部分银行仍然对自己的能力很有信心，或者对与金融科技公司的合作持怀疑态度，因此它们永远不会转向全面合作。它们会继续认为这种合作属于一种更进一步的升级，或者仅仅是某种辅助项目。这是不对的。虽然这种牵强附会可能会在短时间内提升银行的能力，或许可以处理更高的交易量，却不足以在市场上充分体现出差异。它们最终的结果是客户不断流失，自己只剩下查看账户余额、处理支付等通用的、低价值的服务。

如果传统银行不想走上这条路的话，它必须将与金融科技公司合作视为从根本上重组其业务模式的机会，这样就可以提供更具体的产品和服务，这些产品和服务必须更好地针对特定的客户群体或消费者不断变化的需求——这是传统银行凭借自己的努力永远都做不到的。

银行与金融科技公司合作还会带来更多益处。欧洲工商管理学院（INSEAD）技术和运营管理副教授曼纽尔·索萨（Manuel Sosa）的研究表明，金融科技公司类公司的创新似乎会影响它们的合作伙伴。索萨和他的团队研究了美国在35年间的设计专利后发现，与某一领域的"明星"合作的伙伴更有可能使自己成为明星。那些看起来拥有特殊技能的人——例如将不相关的元素组合成新奇想法的创造性能力——可以在不知不觉中将这些技能传给与他们合作的伙伴。

这意味着，随着新的行为和思维方式的转移，仅仅是与金融科技公司合作本身就可以随着时间的推移改变银行的基因，演变为一个更有活力的文化环境。我们将在后面详细讨论这个问题（如图11-1所示）。

从图11-1中，我们可以看到银行业的演变，以及如何成为一个更加关联的空间。我们从所谓的"服务化"开始。服务化是20世纪80年代末出现的一个蹩脚术语，指的是将业务结果作为某种服务销售。这个术语不是指一次性销售，而是指销售提供额外服务的产品。奈飞和声田就是两个例子。他们提供的服务是提供（作为产品的）电影或音乐作品——这种模式相比仅仅向用户销售一张CD就结束服务完全不同。

这种服务的本质就是传统的银行模式：重资产，划分垂直业务线，依赖于与客户建立长期的关系使他们的终身价值最大化。如果银行要摆脱这种经营方式——它们必须这样做，因为

银行业和金融服务的未来：
如何抓住机会应对颠覆性创新和挑战

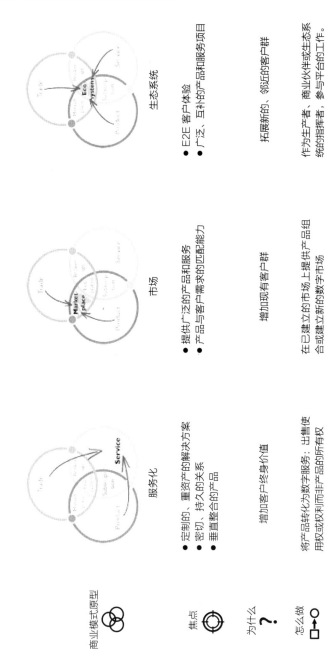

商业模式原型	服务化	市场	生态系统
焦点	• 定制的、重资产的解决方案 • 密切、持久的关系 • 垂直整合的产品	• 提供广泛的产品和服务 • 产品与客户需求的匹配能力	• E2E 客户体验 • 广泛、互补的产品和服务项目
为什么	增加客户终身价值	增加现有客户群	拓展新的、邻近的客户群
怎么做	将产品转化为数字服务：出售使用权或权利而非产品的所有权	在已建立的市场上提供产品组合或建立新的数字市场	作为生产者、商业伙伴或生态系统或利益指挥者，参与平台的工作。

图 11-1 **银行环境的演变**

这种经营方式不再有效——它们必须以数字方式重塑它们的产品和服务，以及获取产品和服务的方式。

市场平台是朝着这个方向迈出的一大步，因为它们允许客户用更广泛的产品满足他们自己的需求。产品不仅来自客户自己的银行，而且也可以来自第三方的网络。向客户提供他人的产品，本身就意味着创造了一项更有吸引力的产品，可供银行增加它们的客户基础。

生态系统通过将市场扩展到非金融和生活产品，与更多的供应商建立联系，使我们在这条路上走得更远。最终的结果是为消费者创造一家一站式的商店，因为他们的需求越来越多地在一个地方得到满足。生态系统要想真正成功，就必须能够从数据中提炼深刻见解，由此，他们可以提供满足客户日益丰富的要求、愈加满意的体验。

生态系统是所有银行业空间中发展最快的一种。随着生态系统朝着临近的细分市场扩散，传统银行需要确保他们的产品整合到这个更广泛的环境中。

然而，对许多传统银行来说，成为这种生态系统的一部分并不容易。部分原因是银行内部过时的IT基础设施复杂、低效，光是应付现有的需求就已经力有不逮，更不用说需要照顾其他许多试图加入的参与者。

当然，生态系统不可避免地意味着旧有的供应链和营销渠道变得冗余，因为银行客户现在可以直接接触到大量不同的新产品和服务。这种变化可能需要企业重新调整自己的本质。

生态系统里都有谁？

如果传统银行要成为更广泛的动态生态系统的一部分，他们需要更好地了解生态系统中的各个角色以及他们各自的野心。

这些居民包括协调者或聚合者。通常情况下，他们对客户关系比创造产品本身更感兴趣。他们的目标是通过提供从多个供应商那里获得广泛的金融产品，尽可能多地满足客户的需求。这样，他们无须投资开发自己的产品，就能够提高客户满意度。如果一家传统金融机构向协调者提供接触其客户的机会，它将有可能失去与客户的联系，因为客户可以直接从实际的产品供应商处购买。

此外，生态系统中还包括生产者。生产者利用技术来开发和提供一流的金融产品。举例来说，Oaktree提供极为精确的风险管理服务，Nutmeg关注其投资敏锐度，Coinbase深耕加密货币市场，PayPal提供易用的支付系统。虽然生产者确实直接与客户接触，但他们倾向于通过协调者或市场来实现。

然后，系统中还有聚合者。聚合者拥有银行执照，向非银行金融机构提供定制产品和技术解决方案，如"银行即平台"（BaaP）。例如，Bancorp与它的合作伙伴——银行业初创公司Simple共同提供后端银行服务（如图11-2所示）。

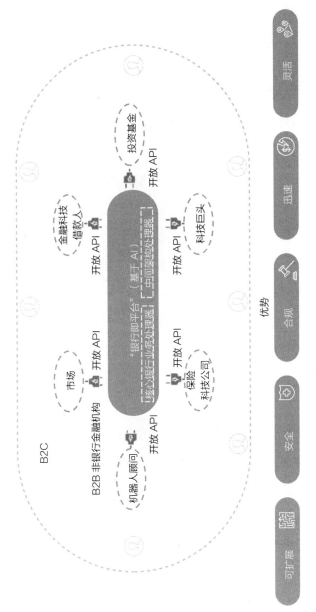

图11-2 "银行即平台"（BaaP）构建银行留客的生态系统

"银行即平台"（BaaP）是一种将多个金融科技公司的产品整合到单一生态系统中的方式，用户可以通过一个集中的应用访问，允许银行将其客户与机器人顾问、市场平台、投资服务和金融科技贷款人等联系起来。BaaP与BaaS相反，因为银行仍然拥有客户，通过为客户带来其他人的产品来增加价值。这样的模式能否运行，取决于是否存在可以将核心银行流程与外部第三方合作伙伴连接起来的API。银行构建的"API层"位于银行自己的系统之上，使数据在它们之间流动。这种平台银行方法灵活，相对更容易快速地扩展，使银行能够保持控制，确保符合监管要求。这是一种防止客户被金融科技公司的华丽产品所吸引的防御性策略。

聚合者的优势来自复杂的IT架构，以及如何用它更好地管理流程。通过与聚合者合作，银行可以将一系列具有战略意义的高质量产品打造成自己的品牌。这些产品可能包括活期账户、支付服务，或如贷款等具有更大竞争优势的领域。

银行甚至可以选择与许多生产商建立密切的关系，并将他们的产品卖给零售和企业部门的其他银行。这将是一个易于推广的模式，银行也可以用它快速地提供创新产品，减少业务摩擦。

最后，生态系统中还有中央处理器，其作用是提高中台和后台的服务效率。为那些深受老式流程和单体架构（如大型机等）困扰的现有银行提供交易和支付处理等服务。第一资讯公司（First Data）就是较早采用这种模式的公司之一。

这些参与者中有许多将通过市场平台来运营，这些市场通常是由擅长数据管理的金融科技公司建立的（如图11-3所示）。我们稍后会更详细地讨论这一点。

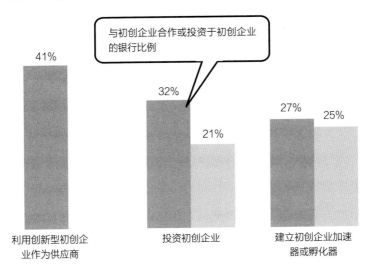

图 11-3　硬币开始掉落

银行应对新形势的方法之一是，寻求与拥有必要的技术专长和创新思维的金融科技公司进行更大程度的融合。越来越多的银行似乎正在建立这种关系。理特管理顾问公司的研究发现，超过40%的银行现在将初创企业作为供应商，32%的银行实际上已经在向这些企业投资。这一比例相比于2015年的21%出现明显增长。更重要的是，25%的银行正在运营加速器或孵化基地以推动创新。BBVA就是一个很好的例子。它在2014年开始收购初创的西班牙数字银行Simple，随后收购了英国的原子银行（Atom Bank）30%的股份，然后完全收购了芬兰的Holvi。同样，法国互助银行（BPCE）在2016年7月控股了德国银行Fidor。

BBVA已经宣布将终止Simple的业务，将客户账户转移到其美国部分运营。这也是数字银行领域将发生整合的标志。

与他人合作的形势

与他人合作给了银行一个亟须的推动力，让它们可以走出自己的舒适区，帮助它们面对自己的"我们这里就是这么做事的"的文化心态。然而，充分利用这个机会需要一定程度的结构和文化调整，并创建新的决策途径。合作的同时还需要确保银行与金融科技公司之间有明确的责任区分，即由谁决策和提供服务等。

由于这种合作目前仍然是一个相对较新的场景，各方还都在不断学习的过程中。因此，目前最佳实践还没有得到完全发展或稳定嵌入。对于谁拥有哪些数据，往往还有种专有的想法。每个人都必须理解有效的知识分配和流程创新的必要性。若管理不善，则可能会出现信息孤岛和结构不良的数据库——这在一个反应速度至关重要、竞争超级激烈的环境中是没有价值的。

不幸的是，虽然银行已经开始见到与金融科技公司合作的种种益处，但金融科技公司本身往往觉得与大银行的合作过于缓慢。他们认为这是一个痛苦的"拔牙"过程，会导致一个扼杀创新的环境出现，与实际的需要背道而驰。

如果要克服这一障碍，传统银行必须接受他们的身份转变。传统银行现在是一个更广泛、更复杂的金融生态系统的一部分，在这个系统中，没有任何一家银行可以为所有的人服务。同样，因为银行和金融科技公司之间的界限变得越来越模糊，传统银行还需要开放的精神和采用新技术的意愿。

当然，对这种新思维方式的需求不仅限于银行业。我们在许多其他行业中同样观察到了类似的思维重塑。这些行业，正在以资产所有权与收入分离的方式构建新的生态系统。例如，爱彼迎不拥有任何房间，却从那些拥有房间的人那里产生收入。同样，优步本身不运营出租车队，却从作为车主的司机那里赚钱。

微软用"共生"一词描述日益相互依赖的生态系统，这些生态系统现在在商业边界上纵横交错，都由API连接到一起。

在这个开放的新时代，金融服务机构能否成功，将取决于能否摆脱正常业务并接受更多的动态业务模式，如平台即服务（PaaS）或基础设施即服务（IaaS）。这些业务模式即将成为从零售和批发银行到资本市场和财富管理的整个行业的规范。未来，数据共享将是一切模式的基础。

即便是建立一个数字应用程序为客户提供量身定制的服务，

银行现在的运行方式也无法支持。这主要是因为它们无法从大量完全不同的活期账户和信用卡交易数据中获得任何真正的见解。

垂直划分的传统银行仍然依赖内部解决方案；已经完全数字化或正处在数字化转型过程中的银行已经消除了任何实体分销层；其他的银行正在开发市场，通过提供来自第三方的产品扩大关系层；此外，还有那些完全放弃客户层的参与者，就像聚合者和中央处理器那样，通过成为BaaS供应商，专注产品和承保。

在这个日益分隔的环境中，对银行的定义已经发生了转变，传统金融机构找到自己定位的唯一途径就是搭上金融科技公司的顺风车。这是因为，他们只能通过创新来重塑自身，正如我们在下一章会看到的那样，创新是未来增长的引擎。

第十二章

"世易时移，
变法宜矣"

创新不是推出一款只对银行有利的产品，而是做一些真正能帮助客户的事情。

——德国银行Fidor的CEO

马蒂亚斯·克罗纳（Matthias Kroner）

1972年，记者汤姆·沃尔夫（Tom Wolfe）在谈到银行商标的抽象性时称，它们"创造了一种模糊和混乱的感觉"。商标"在某种程度上使公司负责人告诉自己：'我十分现代、与时俱进，来自未来。我已经优化了这个老家伙'，如果［设计］费用没有达到五位数，那么负责人也不会感到精简了。"

1983年，*ID*杂志对银行商标的评论中也提到了这一点，该杂志抱怨称，现在存在着一种负面的倾向，即"密切打探别人的动向，跟着别人的进展完成自己的设计。就像银行业本身一样，不允许承担风险"。

那么，他们真正想表达的是什么？银行十分无聊？确实。银行看起来一模一样吗？答案当然也是肯定的。

虽然企业形象或品牌项目的目标可能会赋予一个组织独特性，但真实情况是，许多银行更感兴趣的是好看而不是与众不同。事实上，过去的银行非常努力地希望和别人保持一致，因为这样可能使他们看起来更值得信任与"合法"。毕竟如果银行太过标新立异，客户怎么能将日常储蓄托付给您？

因此，"无聊且安全"被认为是合适的，事实上也是唯一的经营方式。这就是为什么银行积极寻求群体同质性，采用与竞争对手几乎没有区别的名称和身份。这种现象被波士顿学院教授玛丽·安·格林（Mary Ann Glynn）称为"象征性同构"。美国银行、澳大利亚联邦银行、德意志银行、瑞士银行、汇丰银行等看着都大同小异。

由于在市场上并没有太多的选择余地，银行的客户只能忍受拖沓和劣质服务。如果客户担心日常储蓄面临风险，也许这种妥协是可以接受的。但是，时代已经不同了。

在银行业之外的其他行业中，变化已经发生。消费者已经习惯于从大型在线零售商那里获得他们想要的东西，而且是以快速、有效的方式。客户希望从银行得到更多相同的服务，而且，现在的客户有着各种各样的新选择，也就再也不愿意接受平淡无奇的事物了。

响亮而自豪

曾经被束缚的银行客户正在转向新型金融机构，他们希望站出来，大声而自豪地标新立异。与斯塔林（银行）同名的是一种快速、适应性强、善于交际和友好的鸟类。N26银行的字母N的意思是数字，而26代表组成三阶魔方的小方块的总数。像Chime、Revolut和Tide这些名字都不会自然地与金融机构联系起来。

这些新型金融机构自己取了个标新立异的名字，因为它们明白，在今天的数字环境中，在一个日益商品化的金融服务领域，无法凸显自己是没有任何好处的。

出于同样的原因，他们不断地投资和测试，以生成新的想法——向有效的人学习，抛弃那些无效的尝试。

这种方法已经得到了私募股权公司和风险投资者广泛而成功的使用，可以实现快速改善业绩，然后进行转型。这正是我们在本章中提出的二者兼顾的方法。

增长的动能

正如前文所言，创新是竞争优势的真正引擎，因此也是增长的动力。正如斯坦福大学商学院的阿米特·塞鲁（Amit Seru）教授所言："企业进行创新时，其利润就会上升，劳动力和资金就会流向他们而远离竞争对手，后者就会遭到这种创造性导致的破坏。"

因此，如果你不创新，你甚至算不上是原地踏步，就是在倒退。

从理特管理顾问公司自己的全球卓越创新的研究中，我们可以看到，最激进的创新者比那些采取更多渐进式创新的对手们获得了更大的成功。例如，那些在创新中位于前25%的企业，相比那些没有创新的企业，销售额和利润分别高出19%和13%。

从古至今，创新一直都在不断发生，然而，时至今日，最大的不同是我们有了"数字"。数字完全改变了我们的互联方式，以前自主、独立的IT系统现在可以进行沟通和合作。

正如电力一样，数字互联对商业和收入模式产生了深远影响。它打破了旧有的障碍，通过模糊行业和业务线之间的界限，推动了我们所谈到的融合，完全颠覆了现有的价值链。嵌入式金融就是一个很好的例子。

数字化转型是创新的核心，是一种不可阻挡的力量。成功实现转型的组织将重新定义商业模式、价值主张、分销渠道、客户界面以及许多其他领域。他们所做的一切，将为客户提供比以前更优质、更便宜或更迅速的产品或服务。

创新带来了业务发展的不连续性，而不连续性越大，通过新的分销渠道接触新的受众群体并降低客户获取成本的可能性也就越大。

换句话说，创新是释放组织能量的开关。如果能够与鼓舞人心的到达点联系起来，创新就有可能调动整个组织，将现有或新出现的威胁转化为未来的机会。

但要想充分地将创新变现，银行必须准备好重新调整他们的整个业务。

这意味着CEO在审视激进的提议时，应该问的问题不应该是"为什么？"，而是"为什么不？"。可以说，你越具有颠覆性，获得巨大收益的可能性也就越大。

当然，在任何行业中，创新从来不是一件易事。即使那些善于此道的人也很难维持他们的业绩表现。在一个复杂的组织，例如一个受监管条件限制的传统银行中，这一点可能尤为严重。银行在创新上遇到的挑战要比金融科技公司大得多。想想看，就在最近的2017年，76%的高级银行家不相信数字化会影响他们的商业模式。这个统计数字令人十分震惊，也是当前银行业思维的悲哀。

即使传统银行业出现了所谓的创新，它们往往只局限于客户与机构之间稍有不同的接触方式，而不是核心银行业务，如存款、贷款、抵押贷款和付款等。然而，历史上的情况并非一直如此。早在20世纪70年代，银行家们的思维似乎更加前卫。他们是引入自动取款机、借记卡等新鲜事物的先驱。从那时起，这顶先驱者的皇冠已经滑落，被金融科技公司夺去。

对传统银行来说，恢复其创新魔力并不那么容易，因为它们往往遵循着僵化的产品开发路径而不鼓励新的思维方式。银行家们会说，这是由于监管合规所需的制约与平衡。这种说法有一定的道理——开发一个完全不同的产品可能会导致巨大的、意想不到的财务和合规成本，可能对银行来说难以承受。但是，唯一有效的障碍只有这一点，还是说有其他原因同时在起作用？

也许更常见的情况是，银行往往缺乏能够发起和推动变革的有经验的创新者，这当然是可能发生的。如果某家银行的文化是追求风险最小化，那么不作为、避免做出可能会让你被解雇的尝试，就成了一种常态。如果有一些特立独行的想法有可能实施，总能找到借口躲在后面。

因此，领导者不愿意站出来赞助或主导变革，对于银行家们不完全了解的昂贵技术这一点尤为如此。因此，创新被推到了边缘，分割成为某种独立的存在，没有被植入业务的核心思维中。

大多数传统银行的舒适区仍然是其当前业务模式的有效实施，而非考虑如何创新。尽管创新才能使他们保持长期增长和竞争，但情况就是如此。

对现有业务模式的延续将会使他们不得不继续努力，依靠同样陈旧的产品，即使这些产品销量很少、维护成本却很高。

即使是最好的产品，最终也会走到尽头。产品的生命周期往往会遵循这样的循环：先是可以吸引"唾手可得"的客户的常规生命周期，之后将被竞争对手提供的价格更低、速度更快、效率更高或更便利的产品所击败。然后，产品的销量会持续下降，银行提供的支持也会越来越少。最后，当客户流失到一定程度时，旧有的产品将会终止。而对于像抵押贷款这样的产品，这个过程可能需要30年之久。

吃掉自己

经济学家和商业顾问克莱顿·克里斯坦森（Clayton Christensen）在其1993年出版的《创新者的窘境》一书中描述了这一过程。作者在各个行业观察到的模式是，占主导地位的现任者拥有创新的资源和机会，却没有这样做，因为当他们处于领导地位时，颠覆自己将面临挑战。

虽然未来的一系列事件完全可以预测，但许多企业领导者似乎仍然对此毫无察觉。领导者被正在发生的事情所蒙蔽，错过了属于他们的"创新时刻"——在创新时刻的来去之间，产品开始在市场上失去吸引力。

公平地讲，即使是最好的公司也无法准确判断这个时刻何时到来。这就是为什么他们会将创新变成一个持续过程，许多公司遵循创造性颠覆（注意与颠覆性创新的区别）原则，在旧产品仍有生命力的时候推出功能丰富的新产品。这种创造性的同类相食使他们能够以一种自身可控的方式扰乱市场，保持较高的进入壁垒。正如苹果公司首席执行官蒂姆·库克（Tim Cook）所言，苹果公司是全球最具自我颠覆性的公司之一，"我们的核心理念是永远不要害怕同类相食，因为如果我们不这样做，别人就会这样做"。

换句话说，如果你不是发起变化的人，那么你就要不断追随别人的脚步，对别人的创新带来的变化做出反应，而这当然不是什么好事。

但是，像这样采取先发制人的行动并不是传统银行的基因。花费多年时间培育和保护他们的"宝贝"的产品经理将不愿意看到他们被取代，这么想也是可以理解的。他们会强烈地抵制任何尝试这样做的企图，这也是为什么他们最终会拥有我们一直在谈论的那些庞大、低效、表现不佳的投资组合的原因之一。

然而，在一个高度动态的市场中——金融服务无疑是其中之一——如果你不能吃掉自己的产品，那么你将很快失去市场份额。

如果你不创新，别人就会创新

不幸的是，很少有银行专门为应对市场变化制定有效、连贯的创新战略，即使它们认识到应该如此。Efma和Infosys Finaclef对70多个国家的140家零售银行进行的一项研究表明，虽然84%的银行增加了创新预算，但只有五家欧洲银行真正将创新作为一项执行责任，并为其分配相应资金。换句话说，创新似乎更多地被看作是某种异想天开的概念，而非严肃的商业目标。

这就是为什么银行会措手不及，就像它们对开放银行概念的反应一样。开放银行并非突然出现，但似乎很少有银行意识到开放银行意味着银行不能再仅仅依靠利率吸引新客户。银行也没有考虑这将如何影响银行对产品的细分、分销、定价和营销的方式，反过来鼓励客户转向那些具有完全不同的价值主张和差异化产品的银行，以更好地满足客户的需求。

这也就是为什么有些金融科技公司通过其创新方法从根本上重塑了金融服务行业。

随着创新在许多领域发生，如果银行不够小心，则可能会措手不及。正如我们在上一章所见，世界各地的电信运营商正在通过开发移动优先的支付系统创造新的风险因素，这可能扰乱整个世界支付网络。

KlickEx是这方面的一个很好的例子。这家服务基础设施供应商位于新西兰，公司只有14名员工，但提供全球汇款、外汇和银行间结算服务。如果世界各地的其他公司开始与非银行服务提供商（很可能是电信运营商）合作，它们可能成为传统银行的重要竞争来源。这一案例是真正的"逆向创新"，即新的想法从经济欠发达地区流入，以刺激更先进地区发展更加优质低价的金融服务。

当然，想要改变方向就必须打破常规思维。我们需要放弃一直以来对短期年度财务管理的关注，以及削减成本、关闭分支机构和改善基本业绩表现的老皇历。相反，我们需要把新的重点放在提供有针对性的服务上。

因此，大多数银行所遵循的不过是"俺也一样"，而不是能给他们带来可持续竞争或商业优势的战略。针对全球创新1000强的研究表明，在收入（11%）和息税折旧及摊销前利润（EBITDA）的增长方面，更具创新性的组织都存在明显的差异。不仅如此，它们通常也更擅长"规模化部署"，因为它们在维护过时的技术方面投资更少，而在数字化转型方面投入更多。

处处创新

直到几年前，不偏离熟悉的领域都还有意义。在当时，业务扩展的最好办法的通过相邻关系向外扩展。但是，这一切都在发生改变。由于不断的融合，核心业务和相邻业务的概念实际上已经消亡，你也不能停留在任何接近你所在之处的领域。

现在你别无选择，只能选择找到一个全新的商业模式，而只有通过创新才能做到这一点。

幸运的是，由于市场已经变得如此模糊、分散，只要有正确的想法，几乎可以在任何地方摆摊设点。组织自己就可以设定自己的经营边界。

此外，这将取决于组织的兼顾型领导者是否能通过转换视角发现他人没有见到的东西。

银行如果想成为真正的创新者，就不能将自己局限在一个领域。相反，银行应该关注组织和价值链的所有环节，以全新的眼光来审视从基层到高层的每项事务，包括产品的差异化，提供服务，开发补充性服务以丰富客户体验，加强垂直整合和对价值链的控制，专注于特定的核心活动，引进新技术，使后台流程自动化，将耗费时间、无利可图的任务外包以提升效率，以及采用新的招聘程序引进所需的人才。

虽然必须有广泛的创新，但这并不意味着需要整个银行都在同一水平上追求创新，这样可能不可持续。相反，必须有一个"连续创新，承认一些操作领域需要的创新关注少于其他领域"。例如，涉及记录、后台核心业务和客户交易数据的系统可能只需要定期检查，而涉及决策、定价、分析和风险管理的中台系统应该更经常重新审查，以适应业务实践的不断变化。

面向客户的应用程序必须得到最为经常的更新，原因不仅包括可以令其持续地为适合的目标服务，而且还因为这些界面是捕捉关于客户的行为和行为方式的关键。界面的改变会对人们无意识地与技术互动的方式产生巨大的影响，从而可以带来竞争优势的新洞察的出现。

创新——不用担心过火

经济学家约瑟夫·熊彼特（Joseph Schumpeter）说："企业

家的职能是改革或变革生产模式。"这正是那些金融科技公司的创办者正在做的。摩根大通CEO杰米·戴蒙早在2015年就向股东发出了警告，"有数百家拥有大量人才和资金的初创企业正在研究传统银行的各种替代方案"。

这种外部威胁规模极大，向传统银行提出了这样一个问题：如果传统银行想要成功转型，他们是否会创新过度？尽管有些组织在不偏离核心的情况下重塑了自己，但是这个问题的答案可能是"否"。

前文提到的新加坡星展银行，经常被认为是金融服务领域覆盖面最广泛的转型项目之一。它无疑是世界上第一家开发出数字价值创造的衡量方法的银行。其独特的差异化优势在于，该银行专注于创造一种"创新文化"，从而提供一种非常成功的数字银行模式。在印度，该银行的数字零售客户的收入是原来的2倍，而成本收入比却降低了20%。这一部分产生的投资回报率也比星展集团的传统银行业务部分高出9%。数字客户现在占银行客户群的40%以上，带来约70%的利润。

如果没有对创新的投入，这种情况不会发生。但实际上，星展银行并不是一个真正意义上的"创新者"，因为它的经营范围一直相对接近于其历史上的核心业务。

对于大多数银行来说，这种程度的创新远远不够，实际上这样比进入未知领域的风险更大。相反，银行最好在金融科技公司可能会颠覆的领域进行大力创新，作为一种先发制人的创新打击。如果你能通过提供优秀的产品和服务来消除客户不满的可能性，你就能挖了颠覆者的墙角，然后它们就没有任何东西来实现差异化了。

计划创新

创新并非偶然发生。创新需要计划和鼓励，也需要得到最新的市场洞察和数据支持。总部位于柏林的N26公司和英国的Tandem公司的快速增长，是由产品创新、流程简化和变革型的"快速上市"商业模式所支撑的，使得创始人能够引导他们的组织向前发展，而不至于失去他们招募的具有创造性和创新性的团队成员。

这些组织之所以能够做到这一点，只是因为他们构筑了能力、潜力和资源的特定组合。其他银行如果试图用不同的DNA做同样的事情，结果可能不会那么成功。因此，尽管复制别人的系统可能很诱人，但请不要这样做。这样的系统必须根据创新单位的具体需求而量身定制。

如果你目前还没有设立创新计划，那么你现在就需要创建；如果你已经拥有相应计划，你需要审视整个流程，确保其适应于你的创新目的。

而且，你必须做出决定，是把重点放在内部驱动创新，还是利用外部合作伙伴。如果组织的内部结构和性质过于僵化，排斥传统思维以外的东西，后者很可能也是一种可行的方式。

如果银行心态正确，那么可以从内部进行创新，而且往往可以通过挖掘自己的一线员工、服务开发团队、高管和后台员工的知识潜力来实现。这就是南非最大的金融服务集团之一标准银行（Standard Bank）的目标。该银行举办年度活动，鼓励员工畅所欲言，谈论他们如何实施创新。

美国银行则没有设立这样的创新实验室，甚至没有专门的预算用于推动创新，因为它的理念是"创新是每个人工作的一部分"。或者换句话说，该银行的创新源于其42个州、12个国家的5600名"员工发明家"的共同努力，他们的任务就是产生源源不断的新点子和新想法。这种内部创新文化似乎正在发挥作用，因为该银行现在有超过4250项产品，其中近一半与人工智能、机器学习和信息安全在银行业的应用有关。而如果没有对建设性和破坏性的激进思维的投入，这种情况是不可能发生的。

提到创新，巴西第二大零售银行布拉德斯科银行（Banco Bradesco）——一家拥有75年历史的金融服务巨头，拥有超过7100万名客户——更像是一家金融科技初创企业。作为其技术主导战略的一部分，该银行建立了inovaBra平台，允许微型企业家获得一系列金融和非金融工具，并让员工通过一个主要的技能提升项目来支持它。

世界上资产最大的银行，中国工商银行，几乎从一开始就建立了一个覆盖整个组织的创新文化。中国工商银行成立了金融科技研究院，利用包括区块链、大数据、人工智能、云计算、5G和物联网在内的各种技术，助力实施其智能银行战略。通过与蚂蚁金服的合作，工商银行开发出了一种新方式，允许商户在无须对现有的收款系统进行大规模修改的情况下，通过支付宝或工商银行自己的应用程序完成收款。

当然，在银行这种复杂的组织中，由于涉及不同的实体、地域和业务线，内部开发的创新是一个更大的挑战。因为这项工作将广泛地涉及许多部门，因此必须得到高级领导者的认可和推动。创新当然不能模糊地委托给某部门的某人。

一旦确定了创新战略，它应该由一个专门的团队来管理，他们能够专注于将一个想法转化为一个产生商业收益的现实。

重新设计任何流程时，尽早获得反馈是非常重要的，否则团队可能会走错路。反馈流程同样应该被整合到项目的工作流程中，通过非正式的网络将反馈迅速传达给其他人。一旦出了问题，不要试图掩盖，因为掩盖可能会导致反作用，只会降低流程采用的速度。

你可以通过使用真实数据运行虚拟的"假设分析"（what-if）场景模拟新流程的有效性，以测试任何变革的效果和可行性。经过模拟之后，新流程可以分阶段推出并评估结果。这种模式降低了不确定性，可以保护组织免受重大和成本高昂的失败带来的损失。这些试点项目的管理者可以作为"变革代理人"，推广到组织的其他部门。在试点的细节被记录下来之后，这个过程就可以在其他地方复制。

麻省理工学院斯隆管理学院的一项研究发现，试点阶段所需时间通常是推广本身的2倍，可能会消耗2~3倍的员工和管理时间。因此，本地管理者必须考虑到这种程度的投入。

寻求外部帮助

创新的重点必然是创造价值，而这对管理层和员工来说都可能是某种文化冲击——对他们来说，这从来没有变成优先事项——因为他们担心的是现金、短期业绩和内部政治。

由于创新并非银行以往的长处，因此，银行不仅要发展内部能力和结构，而且要从那些更有经验和更完善的组织那里寻求外部帮助，以开发、试验和扩大跨业务线的新产品和服务理念。

当涉及新概念或产品变现移交给更大的组织来执行和实施时，寻求外部帮助可能特别有益，而这往往是最大的挑战之一。

通过与他人的共同努力，传统银行不仅可以更快地发展，而且还能克服"创新者的窘境"，即选择迎合客户的当前需求还是进行预测客户未来需求的颠覆性创新。

有几种方法可以做到这一点。例如，组织可以在公司外创建一个独立的环境进行创新或培育。这一点我们将在下一章中讨论。

　　或者，组织可以利用外部顾问和技术专家帮助重新配置业务模式，开发颠覆性的拆解重组解决方案。如果您想平衡现有的产品组合，拆解重组可能是一条可以选择的路线。"外来者"的关键创新能力也会通过渗透过程被吸收到银行中。

　　另一个选择是投资于金融科技初创企业并对其进行孵化，这是越来越多的大银行正在采取的公司风险投资路线（如图12-1所示）。

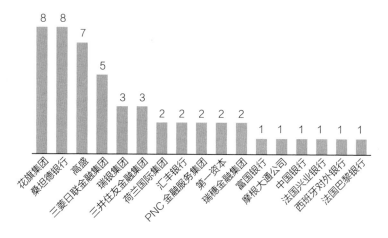

图 12-1　越来越多的大型银行寻求投资金融科技初创企业

　　注：上图包括按AUM计算的美国、欧洲和亚洲最大的银行及披露的金融科技投资。

　　资料来源：《金融科技的脉搏》，2016年第三季度，《金融科技风险投资的全球分析》，毕马威国际和CB insight，11月16日。

创新的四个维度

如果你想在市场上发出更大的声音，你需要从四个方面考虑创新。

第一，确保你所做的是人类设计的创新。新技术只有在其有用和可用时才有价值，所以你需要把人类的经验设为你工作的核心。

这意味着要关注那些客户未满足需求的问题。如果做不到这一点，你只是创造了一个小工具——机械柠檬榨汁机。每次使用时都要从柜子里拿出来，而且要花很长时间来清洗，所以没有什么好处。只有真正了解你的客户，你才能有效地解决他们的问题。

第二，使用先进的数据分析和人工智能来提供持续的客户真实信息流，使他们的生活变得更好。你从中得到的见解远超传统的客户研究手段中得到的任何东西，而即便是传统的客户研究也并不常做。正如PayPal的联合创始人彼得·蒂尔（Peter Thiel）所说："人们没有告诉你的事情往往能给你很大的启发，让你知道你应该把注意力放在哪里。"通过分析，你会了解这些。

第三，你的创新应该不仅是为了客户，也是为了内部团队。例如，如果采用了智能自动化技术，你就可以将员工从重复、平凡的工作中解放出来，使他们更具创造性和生产力。实际上，自动化与分析相结合，将提升你的银行的认知能力，以其他方式增强决策能力。

这样你将创建一个数字工作空间，将人们联系起来，使他们更有效率。

第四，你应该使用开放技术进行创新，这样你就可以在不断发展的金融生态系统中更好地与他人合作（如图12-2所示）。

以人为中心的设计	先进分析工具及人工智能	智能自动化	开放技术网络

如果不使用技术，你的技术就毫无价值！	如果正确理解数据，你的数据将会带来结果！	如果得到技术赋能，你的劳动生产力会进一步提高！	如果你能够应用催化技术，你将会加速数字旅程！
这就是我们为什么关注人类！	让我们告诉你数据能够带来的巨大价值！	只将你的员工投入价值创造任务！	使用我们广泛的技术网络！
以人为中心的设计可以确保满足人的需要、技术和创新工作的共生，例如设计思维、用户旅程等。	先进分析工具和人工智能可以获得深入理解、找到潜在优化方案、帮助做出更智能的决策，把数据变成价值。	智能自动化解决方案会降低劳动强度、提高效率、帮助员工专注于价值创造。	我们的开放技术网络提供大量经验帮助你运用更多技术，例如：数字孪生、区块链、游戏化等[①]。

图12-2　在四个方面对齐

银行的重点是人和技术。银行的运营模式中如何包括这

---

① 游戏化（gamification）指将游戏中的元素或科技手段应用于非游戏应用，从而激励用户接受并使用此类应用。——译者注

两点，将在很大程度上决定一切转型的成败。为了实现转型目标，任何数字化转型的四个关键因素必须保持一致。

等待银行的"优步"

创新的颠覆方式抛弃旧事物，并用新事物取而代之，而这种颠覆方式几乎极少一帆风顺。不仅是金融服务，几乎所有其他行业的情况同样如此。早些时候我们已经谈道，当纸质媒体的收入达到阈值、数字广告成为市场主导时，纸质媒体广告如何一落千丈。

这样的例子还有很多。例如，大量的零售商没有足够快地接受送货上门，而当他们试图追赶时却发现，他们没有建立足够的内部系统。

桑坦德银行的风险投资基金会（Santander Innoventures）的风险合伙人帕斯卡·布维耶（Pascal Bouvier）称："现在还没有真正意义上的银行业的优步。"但这并不意味着不会出现。甚至有可能在你读到这里的时候，已经出现了这样的金融科技公司，能够在一两年内搅动整个行业。

创新的目的在很大程度上是为这种触发点做好准备。随着我们进入由技术发展驱动创新的新时代，越来越多的触发点将会出现，而且距离我们越来越近。摩尔定律认为，计算机的计算能力往往每两年翻一番，其基础是计算机中央处理器

（CPU）性能每年提高40%。这一增速可能开始放缓，但其放缓正被以每年超过100%的速度增长的替代处理器所抵消。因此，我们没有面临技术发展放缓，而是面临比以往任何时候成本都低的处理过程，这将引发人工智能和机器学习应用的爆炸式增长，而金融机构可以利用这一优势。

这一趋势将会完全改变将技术应用于企业的思维方式。如果你身在银行业而没有对潜在的可能性感到兴奋，我相信你未来一定会的——因为游戏规则将彻底改变。

任何没有认识到这一点的银行，都没有真正理解我们在本书中提出的传统和创新二者兼顾的方法。当然，情况并非绝对，但在这一点上我们描述的场景是极有可能出现的。

不断创新是到达一个相对安全的避风港的唯一途径。在不断发展的世界中，避风港已经成为一家公司的商业需要。虽然技术是任何数字转型的中心，但这不是可以丢给IT部门完成的事情。尽管你的技术团队可能非常优秀，但是他们与业务不甚相关，无法真正了解客户的情况。银行领导层必须引入新的创新精神，让试错、实验和快速原型等技术成为常态。

我们再次强调，CEO和董事会必须在这一进程中始终保持一致——这一点再怎么强调都不为过。否则，一项持续多年的转型进程将在开始之前崩溃。对短期利润的关注往往站在创新的对立面，因为它使机构试图保留现在所拥有的一切，所以需要采用一套全新的、不那么关注内部的转型指标。其中一些指标，我们在前文已讨论过。

我们将在下一章更详细地介绍一家传统银行如何通过使用"沙盒"和突破孵化器，在不严重伤及自身的情况下将自己转型成为创新的动力源。

第十三章

如何缩短
旅程？

市场份额从银行转移到市场参与者的方式已经清楚地表明,银行需要与这些参与者建立合适的联盟。例如,我不认为全能银行在5年后会真正参与传统零售业务的竞争。如果有些银行还能做到,那是因为它们可以使用完全不同的产品方案。这就是为什么我相信传统银行业务的到达点非常接近,并将由一个非常精简的命题组成。我说的精简,指的不只是物理足迹,还包括所提供的一系列产品和服务——这些肯定不会像过去10年那样丰富,而是由新一代的需求驱动。我预计亚马逊,甚至是微软将很快在金融领域做大做强,这要归功于他们从客户那里获得的信任,以及他们在技术和创新上的投入能力。我认为,我现在的11岁和13岁的两个孩子可能永远都不会去银行网点,而只会使用可能不属于金融机构品牌的应用程序与朋友交换资金。这个应用可能还是来自苹果或者亚马逊。这段未来的历史已经写好,现在的问题是还要多久才能实现而已。

——节选自德意志银行意大利分行CEO

罗伯托·帕拉齐尼(Roberto Parazzini)

与理特管理顾问公司的访谈

在欧洲和其他地方出现的数量众多的纯数字银行,如

Monzo、N26、Revolut和斯塔林银行等,反映出了银行需要创建的那种公司。

这种新型的、脚踏实地的业务与传统银行呆板、复杂的业务模式有着天壤之别。那么,如何才能弥合这两者之间的差距呢?

当然,不能把它作为IT部门的一项辅助项目,也不能认为它可以"瞬间完成",即银行可以轻易地把自己从一个旧的模式中逐步扭转。至少,它不应该是这样。二者之间的平衡是更严肃的议题。那些已经迈出第一步的银行将会面临一个长达10年的转型过程。这些银行仍然不得不遵守所有的监管限制,继续为客户提供服务,同时尝试摆脱过时的技术、低效的工作流程和呆板的企业文化。

虽然全面的数字化转型对传统银行来说是必要的,也是必不可少的,但它并非毫无风险。也就是说,努力并不一定带来好的结果。数字银行Bó是转型失败的最典型例子之一。

Bó的故事——一场数字灾难

Bó是由高街银行苏格兰皇家银行(RBS)设立以对抗Starling和Monzo等的数字银行。作为快速的"数字补救措施",苏格兰皇家银行曾经一度试图收购Monzo。然而,收购没有成功,该银行便着手建立一家新企业,在拥有Monzo的许多功能的同时，提供与久负盛名的传统银行相关联的安全性。Bó的主要差异点在于它专注于储蓄业务。

苏格兰皇家银行为该项目投入了1亿多英镑，在2019年6月从名为Loot的数字银行应用中引入了团队成员，后者最近宣告破产并处于法律管理之下。Loot的CEO奥利·珀杜（Ollie Purdue）于当年9月加入，担任Bó的首席产品官。随着成员到位，一切都在加速运转。

短短6个月之后，Bó就宣告失败，业务中止，关门大吉。Bó的例子说明，即使是大银行，拥有足够的业务资源，可以与数字竞争对手正面竞争，似乎也无法完成必要的工作。

那么，为什么Bó会遭遇如此惨败？

苏格兰皇家银行的首席执行官艾莉森·罗斯（Alison Rose）暗示称，新冠疫情是一个主要因素，受新冠疫情影响，利润下降和严重的信贷损失最终导致银行做出了关门的决定。然而，虽然Bó在危机期间的客户参与度有所下滑，但Monzo和Starling等成熟的数字银行也面临了同样的情况，它们在2020年3月的注册人数也出现了下降。

但是，情况不止于此。除了疫情的影响和削减成本的需要外，Bó惨败的背后还有着更深层次的原因。事实上，该企业破产清算的决定对许多人来说并不意外。

从一开始，Bó的技术栈就有着各种各样的问题。因为对上线操之过急，为了避免项目被取消，Bó产品上线时仍有许多问题没有得到解决。技术团队在上线后的前3个月里，一直在修复各种错误。之后，Bó又遇到了合规性问题，不得不为数千名客户更换卡片。然后，在2019年12月上线后不久，Bó在苹果商店上就收到了一连串的负面评论。例如，客户在iOS应用商店中只给Bó打出了3.2分的低分，而苏格兰皇家银行的另一个数字银行产品Mettle则得到4.7分。

以上种种迹象都让苏格兰皇家银行的投资者颇为担心，特别是这种糟糕的表现与Mettle的相对成功形成了鲜明对比。专注于企业客户的Mettle取得了比Bó更大的客户参与，交易、存款、消费和应用的使用数量都高得多，这就是证明。

由于参与度是数字银行的一个至关重要的数据点，这对Bó来说不是一个好兆头。Mettle在商业上也得到了更好的保护，因为商业客户通常握有更多存款和信贷申请，户均收入更高。Mettle的业务模式也更像一家科技公司，而不是银行。

尽管Bó是一个所谓的"侧翼品牌"，不属于苏格兰皇家银行的核心基础设施，但其受到母公司固有的谨慎心态的约束。斯塔林银行创始人兼CEO安妮·博登曾经在苏格兰皇家银行担任过高级管理职务，她承认："要复制一个初创公司的能量和技术是非常困难的。"

另外一个明显的信号是，在幕后主持的人也并非一团和气。从一开始，就流传着关于正在发生的事情的传闻。在Bó发布的早期，就有着关于领导层之间就新银行的未来发生争论的说法。当CEO马克·贝利（Mark Bailie）于2019年1月卸任时，没有任何人为Bó辩护或支持其未来的目标。

由于苏格兰皇家银行的高管们认为Bó只是一项副业，而非银行转型的关键部分，失败的种子已经早早埋下。他们从来没有完全参与或在感情上投入Bó的发展。而且，由于他们把Bó作为一个独立的品牌运营，他们可以随时关闭而不会导致很久的尴尬。

尽管如此，Bó的失败对该银行的数字化转型也是一个严重的打击，成为企业创新项目惨败的又一个案例。

玩沙子

那么，在金融服务这种犯错后果代价极高的、排斥风险的环境中，一家传统银行如何开始建立新的数字业务？

答案是独立姿态。在开发任何新的数字企业或引进未经尝试的技术时，需要确保项目中的一些劣质元素不会"逃脱"并污染母公司的业务。

你可以通过创建一个反映现实生活条件的"镜像"环境来实现这一点。因为这个空间与日常的商业运作是分开的，在镜像中，你可以在绝对安全的情况下测试新的想法。这种封闭的环境通常被称为沙盒——就像孩子们可以创造性地舀、筛、塑的游戏空间。孩子们可以边玩边学习事物的运作方式。在技术创新的沙盒中，金融机构可以模拟生产环境，测试各种想法，模拟对任何变化的反应，而不用担心有可能对其业务、收入和运营模式产生灾难性影响的监管风险。

通过这种方式，金融机构可以计算出在推出新产品或进入一个不熟悉的市场时，可能涉及多少合规负担。新加坡、澳大利亚、阿联酋和英国等国的监管机构已经构建了监管沙盒。这些有围栏的测试环境允许金融科技公司试验不同的商业模式，并获得背后反馈，以免在现实生活中犯下代价极高的错误。

沙盒同样可以使银行从错误中吸取教训，为今后的行动提供参考和指导，而不是成为令公众尴尬的源头。

沙盒的作用包括但不限于测试新技术、产品和服务，改善内部流程、提高效率，加强安全能力以了解哪些可行、哪些不可行。然而，建立一家新型数字银行等更大的项目，则需要更多的东西。这就要求设有一间实验室，能够快速地开发出超越银行舒适区的想法，否则就无法完成。

花旗风险投资公司孵化主管戴比·布拉肯（Debbie Brackeen）称，希望花旗银行的创新中心能够"对整体业务产生重大影响，而不仅仅是增量变化"。她表示，该部门的目标是，"为我们的客户开拓和测试新的颠覆性解决方案、新的商业模式和技术，提升我们在市场上的地位"。

此类中心往往被称为加速器、孵化器和实验室，虽然这几个称谓经常被互换使用，但它们之间有着一些区别。

顾名思义，加速器（accelerator）的功能是加快一家新创企业概念的发展，通常通过在一段时期内（一般是3个月左右）向项目提供密集的支持和指导来实现。在这段时间里，初创企业的创始人——可能来自银行内部或外部——会接受导师关于如何发展其产品的建议。然后，初创企业会获得"演示日"的机会，向潜在的投资者、媒体和其他感兴趣的各方介绍他们精心设计的产品或原型创意。

另外，孵化器（incubator）旨在帮助那些有想法的人在一个相对较长的时期内发展他们的想法，利用银行提供的资源和资本的支持。

孵化器模式允许银行追求创新，而其业务的传统部分管理着持续的、传统的活动。"由内而外"的企业一旦创立并证明模式有效，那么它们可以扩大规模并成长为成功的新公司，为公司创始者提供潜在的股权回报。根据情况不同，它们有可能成为独立的实体，也有可能返回母公司，成为母公司的一个功能部分。

虽然许多组织已经创建了内部孵化器，但大多数根本没有达到预期。理特管理顾问公司的研究表明，85%建立孵化器的公司对其表现不满意。这通常不是因为它们想法、概念和原型不够好，而是由于孵化企业变现和扩大规模导致的后续问题。

大多数孵化器失败的主要原因是，它们成立的唯一目标就是创建一家新的企业，并增长其价值。虽然这个目标似乎十分明确,但它通常会导致一系列令人失望的、没有重点的、外围业务领域的"试错"实验,希望其中某一个可能会取得某种成果。这种想法可以简单地总结为:"如果哪家企业运转得不错,真棒!那我们就扩大规模;如果运转得不好,就回到绘图板上,再试试。"

虽然在管理现有银行业务的同时开发新的企业以利用融合机会的能力标志着强大的管理能力,但这种钓鱼式的探险显然不能说明问题。你不太可能从中偶然发现你的下一个成功点,但肯定会在高级领导层中引起沮丧和不耐烦情绪。

如果它们对时间表或新企业的潜在商业回报有着不切实际的期望,那么一个项目就已经深陷困境。这也是许多动议被过早扼杀的一个常见原因。虽然银行需要转型,而且是快速转型,但一项新业务往往需要2~3年的时间才能实现赢利、7~10年才能真正成功。因此,每个参与其中的人——特别是高管——都需要有足够的耐心。

取得突破性进展

考虑到传统的孵化器或加速器因其临时性、实验性而无法成功,我们认为,一个更好的计划是集中于孵化器的真正目的,即确定价值链中的差距并找到填补这些差距的方法。

这一目标最好通过一个突破孵化器来实现。相比于简单地开始之后就坐视情况发展的传统模式，这种培育空间的目标是建立一个新企业的原型，从最初的想法到推出业务和扩大规模。通过这种"建设—经营—转让"（BOT）的方法，就有更大的机会创建一个商业上可行的企业，之后企业也可以成功地整合到母企业之中。

而且，由于突破孵化器的目标是以一种更受控、集中的方式推动事情的发生，它通常可以在短短一两年内将一家新初创企业推向市场，而不是通常所需的三四年。能做到这一点，是因为它真正整合了技术、商业、运营和战略等要素并同时推进。通过这种方式，往往可以并行开发多种解决方案。

为了尽快探索更多可以变现的想法，金融机构可以建立由多个金融技术初创企业组成的投资组合，作为数字"赌注"。2018年，总部位于亚拉巴马州的BBVA通过成立内部的风投集团，在伦敦和旧金山的科技中心设立办事处，实现了这一点。其目的是资助和培养能够扰乱银行机构的大创意。新数字业务（NDB）概念的整体目标是，与任何规模或发展阶段的颠覆性技术公司合作，投资和收购这些公司。

法国巴黎银行在成立巴黎银行资本合伙人公司（BNP Paribas Capital Partners）时也试图做到这一点，目的是直接获得重塑金融服务和保险的创新初创企业的少数股权。

该银行目前正在支持大量创业项目，专注于人工智能、数据、区块链和网络安全等不同领域。到目前为止，它已经向

Serena数据风险公司、Viola金融科技公司和Ventech China进行了战略投资。

改变游戏规则的突破孵化器

如果你渴望在你所处的市场中脱颖而出，突破孵化器可以改变游戏规则，允许你创造新的收入来源并开发新的服务、业务部门和企业，如图13-1所示。

创造新产品或服务
- 端到端方法：机会评估、产品开发、变现、产品发布和规模化
- 案例：Sycamore

创造新能力或业务单元
- 跳出客户的舒适圈
- 公司的战略
- 一般采用新技术或新技能
- 案例：橘子 X 项目、大众 Elli 项目

创造新公司或合资公司
- 完全由客户投资或与金融 / 行业合作伙伴 / 投资者共同投资
- 案例：Snaps、EOS-X、Orange Seguros

图 13-1　突破孵化器，促进核心业务的增长、多元、融合等

突破孵化器可用于快速原型设计，这一概念通常与制造业有关。它可以用来开发金融产品，通过"概念形成"过程确定概念的证据。"证据收集"观察提议的解决方案是否解决了挑战并提供解决方案的证据。"转化"即"实现"阶段，该项目进入主流业务。借助快速原型技术，银行可以投入更多的时间和资源来创建一个最小可行性产品（MVP），将其整合到业务中并向市场推广。

建立一个孵化器

突破过程中的第一步是建立孵化器本身。孵化器的建立必须基于对你想要实现的目标的详细和积极的愿景：对未来客户需求的准确理解，以及如何实际满足这些需求。如果你事先并不知晓这些，那么你就只能摸黑乱飞了。

我们需要支持一些广泛的目标，如"寻找新的方法将人工智能纳入供应链"之类。在确定投资的优先次序或选择最佳的外部创新伙伴时，这种平淡无奇、漫无目的的目标没有什么帮助。

当然，也可能存在另一面的危险，即过度规定。如果你在确定孵化器的范围时预先设定了什么才是最好的技术解决方案，或者提前决定了你要进行的实验数量，你就会关闭潜在的创新途径。让想法发展必须要有回旋的余地，尽管有时可能出乎意料。

用来衡量孵化器项目成功与否的一系列参数也应在一开始就确定。可能的衡量标准包括：初创企业的规模如何；与银行其他部门的合作程度；在这个过程中取得的内部认同程度；项目吸引的人才质量；克服的挑战数量；或特定孵化器元素的有效性。这些"软"产出指标是比未来某个未知时刻可能实现的预期收入或利润数据更好的成功指标。

一旦就这些参数达成一致，该项目就需要由高级领导团队，特别是CEO支持。如果没有自上而下的方法，该项目将不会被认真对待。它在组织中的知名度越高，它就越不可能被归类为单纯的"研发"——那当然会是死亡之吻。

谁来负责？

下一步是创建一个代表所有业务线的利益相关者组成的治理团队。这样，孵化器就不会与组织的其他部分隔离或脱节，以免人们将其视为一个附带项目。

在选择加入治理的利益相关者时，需要注意，任何人的议程都不应与孵化器的目标和宗旨相冲突，或是有意无意地与孵化器的成功相违背。

之后还有一个问题是，这个孵化器是内部还是外部的工具。内部模式，即孵化器由一个内部团队管理，当然意味着更大程度的控制力。然而，如果没有第三方的参与，也可能导致进展更为缓慢，而且因为没有完全与其他部门隔离，也有可能被扭曲的企业影响力所污染。

这就是为什么我们建议突破孵化器由一个独立的外部人士来管理。这有助于保持与现有品牌的距离运营，否则，现有品牌可能会在新企业诞生前被扼杀。

无论决定采用哪种方案，孵化器都必须由一组具有不同能力和经验的跨职能 "最佳阵容"管理。成员应具有积极性，致力于使孵化器发挥作用，且具有创业精神。他们还应该对大型银行环境的运作方式有深刻的理解，掌握从最新技术中获得最大商业收益的诀窍。理想情况下，他们还应该有金融科技方面的经验，或是建立初创企业的经历。

他们还必须拥有正确的态度，因为这些人将塑造孵化器的文化，确保它能够运用坚实的技术技能，并指导它如何与银行和其他机构打交道。人力资源部门必须确保他们能够找到合适的人才，因为在一个相对较小的团队中，人才不匹配会出现很大的问题。

虽然新技术、新流程和新企业是最明显的"孵化"对象，但银行没有理由不以完全相同的方式，借助它们来加速其更广泛的企业文化变革。

我们将在下一章更详细地探究创建数字化企业文化的概念。

孵化结束后

一旦拥有了概念证明（proof of concept，POC），我们就会进入倒数第二步——也就是决定新业务融入主流业务，还是被扼杀的关键时刻。

这是最为困难的阶段，因为其中隐藏着所有的空头陷阱。现在银行必须回答一些棘手的问题，即谁将负责整个过渡过程。如果你把这个问题交给现有的业务部门，它们可能会试图把它塞进现有的业务或品牌中。这可能会导致在孵化器中完成的所有良好工作被稀释甚至被取消，并且不利于新企业发挥潜在价值。

此外，还有时机问题。如果过早地尝试整合，新企业可能会难以承受其试图重塑传统流程的巨大压力。另外，如果过于谨慎，拖延时间过长，可能会失去动力，最终越来越被边缘化，从而影响银行扩大规模的速度。

一个更好的方法是让新企业经历一个过渡过程，在此期间，它被赋予自己独立的管理和结构。这将涉及建立关键职能部门——供应、运营、营销、商业和财务——为其提供支持。在此之后是"互相了解"时期，在此期间，新企业和现有企业将相互了解并做出相应调整。在交接阶段收集到的知识应该记录下来，用于建立未来的突破孵化器。

这一切的发生速度取决于，银行的高管层和创新领导者对整合的实际情况有多大程度的共识。例如，新企业是作为一个完全独立的业务单位，还是作为一个全资子公司来运作？它将如何进行融资和控制？然后，如何以及何时将其推向市场？此外，还需要就新业务的收入预期达成共识。

如果顺利的话，这些问题都将在无摩擦的情况下得到解决，新的企业将从其孵化器那里无缝转移到母企业，作为一个子公司蓬勃发展，甚至可能成为整个银行的新模式。

谁在孵化谁？

孵化器和加速器可以帮助测试颠覆性的新解决方案、商业模式和技术。不幸的是，80%~90%的创新中心是对资源的巨大浪费，因为它们没有完成其创新责任。但是，有一些金融机构正在利用它们取得巨大效果。

巴克莱加速器由该银行与科罗拉多州的技术合作伙伴Techstars联合运营，在伦敦、纽约和特拉维夫提供为期13周的介绍性项目。它们为参与的金融初创企业提供导师、营销手段和投资机会。巴克莱银行和Techstars共同持有每家公司6%的股份，从而实现了"加速"。

另一个例子是德意志银行的创新实验室。这些实验室通过全球初创企业网络开发解决方案，支持银行的数字战略。实验室帮助初创企业找到进入德国市场的途径，帮助他们的想法更快地变成现实。

2019年，西班牙对外银行推出了开放式创新加速计划，这是一个针对初创企业家的为期9个月的课程。参与者从银行的高管处得到有关销售、营销和实施技术等主题的专家指导和支持。

法国的兴业银行也有着自己的内部创业计划，该计划保持向约30家初创企业提供支持。一旦银行认可了一家初创企业的潜力，要么将其发展为一个项目，成为一个业务单元，要么将其移交给集团的投资基金，该基金致力于发展内部和外部的初创企业的法国兴业银行风险投资公司。

同样，法国巴黎银行有一个100%致力于培育企业内部创意的实验室。2019年，它从150项申请中筛选出了12个项目，进行为期4个月的加速计划，帮助其寻找商业赞助商和进一步融资。

高盛的内部孵化器，GS Accelerate，使其员工能够为银行的客户开发"提供一流解决方案的创意"。该实验室已经帮助高盛进入新业务领域，更好地管理风险，解决其运营中的低效率问题。到目前为止，它已经投资了各种金融科技创意，领域涉及区块链、数据分析、保险、个人金融、财富管理、金融服务软件、借贷、房地产、监管技术、支付和结算等。通过这一机制，该银行目前投资了约25家初创企业。

当花旗财务部难以忍受其昂贵的、劳动密集型的应收账款流程时，该银行的风险投资部门投资了High-Radius公司，一家专门从事"应收账款技术"的公司。这一投资的成果是名为Citi Smart Match的应用程序，使用AI和机器学习创建更有效的自动化系统，对应收账款和实收账款进行比对。

现在，花旗集团在都柏林、伦敦、纽约、新加坡、特拉维夫等城市设有创新实验室，其工作重点通常是内部创新和研究。它还为外部初创企业提供为期4个月的加速器项目，自该项目启动以来，已有100家企业获得加速。

2016年，摩根大通推出了In-Residence。这是一项为期6个月的孵化计划，允许新兴的金融科技公司使用该机构的设施、系统和专业知识。但是，受益的不仅是外部人员。如果银行的50000名技术员工中的任何一位想提出金融技术的创意，都可以随意提出。如果他们得到许可，那么该创意的创始人可以成为他们创意项目的CEO。这也是对创新的一种激励。

当然，大银行拥有充足的资源投入信息化的冒险。它们可以承担更多失败的"赌注"；但是，与此同时，小银行也在探索新的想法，而且在总体上更有创新性。

土耳其的阿克银行是一个很好的例子，他们认为自己正在经历一个持续转型过程，而不是以达到特定的里程碑为目标。"作为一家银行，我们非常支持变革，"CEO首席执行官哈坎·宾巴斯基尔解释道，"在过去20年里，我们的机构实际上一直在改变。"

也就是说，银行的日常重点都是创造卓越的客户服务，引入数字化，利用先进的分析技术，建设新的基础设施，以及最重要的要素：人。既包括客户，也包括员工。宾巴斯基尔表示："正是通过吸引合适的人才，我们才能变革我们的业务。"

技术伙伴

当然，传统银行不太可能愿意或能够独自完成建立沙盒或任何形式的突破孵化器的所有工作。大多数银行需要找到一个技术合作伙伴来帮助他们实现，要么从一开始，要么在孵化器结构搭起来之后。还有一个好处是，金融科技的生活方式有可能会影响到银行的员工。

找到合适的合作者并不一定容易。如果你是一家较小的机构，没有足够的资源来识别或审查潜在的合作伙伴，并在之后与之建立有意义的合作关系，那么这件事可能令人非常烦恼。银行寻找"技术伙伴"的另一个潜在阻碍是它们之间的文化不匹配。银行散发出的呆板、缓慢、保守的企业氛围，对建立在速度和创新基础上的科技公司来说并不那么有吸引力。

如果能够克服这一困难，双方仍然需要拥有互补的愿景、价值观和目标。也许最重要的是，任何一方都感觉到对方在分担某种程度的风险——这一点至关重要。在市场中分担风险有助于确保每个人都致力于项目的成功，面对困难时不会选择退缩或逃避。

如果合作关系的意义大于银行内部流程的负担或是银行不能在开始之前就扼杀某项倡议的话，任何一种合作关系都可能要求银行对其工作方式做出相当大的调整。

如果银行认识到需要一种开放、协作的新方式使数据在各部门之间无缝流动，而不是困于各自的数据孤岛，那么这种希望就更容易实现。

这在很大程度上取决于灌输某种恰当的企业文化。下一章会有更多关于这方面的内容。

第十四章

组织文化

2020年，新冠疫情迫使世界各地的组织面对这场疫情对人类和经济的影响，制定全新的工作和运作方式。各个组织不得不对一场突如其来的、不可预见的危机作出反应，其快速变化的性质打乱了组织对时间的预测和计划。这场疫情大大缓解了战略的缺陷，这些战略设想在静态路径上从A转移到B，并假设人们有几年而不是几个月或几星期的时间来重新思考过时的观点，并建立一整套新的真理。我们都知道，在一个瞬息万变的环境中，实现个人目标的路径和计划也必须改变。

——《2021年德勤全球人力资本趋势报告》

诚然，技术是极好的。但是，归根结底，转型还是人的问题。要想成功地实现数字化转型需要第五个维度——文化。银行往往不愿意谈论这一点，因为它让人感觉软绵无力，而且很"不像银行风格"。但这其实是一个大错误，因为文化是绝对的关键。正如彼得·德鲁克所说，"文化可以把战略当作早餐吃掉"。

不幸的是，对于传统银行来说，变革的最大障碍之一是它们的领导者只了解银行发展过程中的全能模式，而不了解其他任何东西。而且，由于对金融科技公司和技术公司的运营模式缺乏了解，领导者对重塑后的银行的形象、给人的感觉和运营模式完全没有概念。

所以，他们只能猜测。

这就是组织为什么经常象征性地做出改变，带来的变化往往是诸如周五着装、重新设计工作场所使之看起来很像仓库等。这些事情早就尝试过了，但并不奏效。

这就像在猪身上涂抹口红，用美国人在选举时经常使用的那种古怪的表达方式来嘲笑一位或另一位候选人的想法。这些表面上的姿态并不能使银行的传统文化符合其任何目的，也不能吸引那些对炒作颇为敏感的年轻员工，银行本打算取悦这些年轻人。

千禧一代将"人与文化的契合"置于一切之上。他们对工作环境和成长更感兴趣，而不是被语气生硬的高级管理层居高临下地对待。管理层对待他们的方式，无论是好还是坏，都会产生影响。

每个组织都有自己的文化，即使是传统的银行，即使文化并未体现，只是默认存在。态度、信仰、习惯和行为综合在一起，反映了员工对组织规范的遵守和员工偏离规范的程度。

实现文化转型并不是一件可以轻描淡写的、无伤大雅的小事。相反，它是传统银行实施更广泛转型的先决条件。如果缺乏这一点，传统银行将无法获得与金融科技公司竞争所需的速度和敏捷感。

文化非常重要，因为失败的数字化转型尝试90%是因为其基础文化没有改变。归根结底，这往往是因为企业领导者认为他们知道"良好的"组织文化是什么样子，而实际上他们最多只有一个模糊的概念，并不完全了解或欣赏未来银行需要的技能。

很多时候，老派的CEO们都认为，任何与"培训"或"人员"有关的事情都是人力资源部门的专属工作。结果是，劳动力没有得到战略性的重新塑造，员工缺乏必要的技能和能力，而且他们对未来的旅程准备严重不足。

这对任何希望发展的银行来说都是不能接受的。

变化的复杂性

实现任何形式的文化变革都是极为困难的，因为它与你明天就能在公开市场上买到的技术堆栈完全不同。文化变革会使人们的日常生活发生重大变化，可能非常令人难以接受。但是，这恰恰是转型的要点——打破常规。

文化变革很可能会带来心理压力，因为把人们从他们的舒适区拉开，必然会引起人们的不适感，从而遭受人们的抵制。

"每个组织都有一个免疫系统和防御机制来抵御变化，这些变化往往与个人议程、相互冲突的关键绩效指标或不明确的指示有关，"渣打银行常识部顾问马丁·林斯特龙（Martin

Lindstrom）表示。渣打银行的常识部旨在削减银行的繁文缛节，因为"它们在企业内部形成了第二个隐形的层级"。

因此，我们面对的是一个被技术变得越来越复杂的有机体，而技术又大大增加了员工、部门、供应商和客户之间的互动频次，甚至在"非数字化"的工作场所也是如此。所有这些变化都使得组织变得越来越分散、零碎，不可避免地塑造了他们的文化。

如果你想对银行的时代精神有所作为，任何成功的变革管理都需要高层人士坚定不移的承诺。领导层必须对现有的组织及其整个基础设施进行有效的革命。这就是为什么那些拥有过去"智慧"的老家伙们，很少成为带领银行前进的冒险家。

改变结构

在任何组织内创造这样一种新的文化，如果需要清除旧有的组织文化，都会涉及破坏和逆向思维。旧有的组织文化必须清除，因为如果它们仍然根深蒂固，员工的旧习惯就不会消失。根植于组织文化——"我们在这里做事的方式"——的根深蒂固的行为将再次浮出水面，并固定下来。

如果想要成为更灵活的企业，你需要关注的不是组织的等级制度而是角色——因为等级制度关注的是控制，而非灵活性。真正的重点一定是什么人、做什么、如何做、为何做。

这对银行来说是一件大事，因为它要求人们从典型的、呆板的、自由思考空间有限的等级结构中脱离出来。相反，人们将被推到一个允许自己思考并做出决定的全新环境。在这种环境中，各部门之间共享信息，而非保护性地隐藏起来。人们的责任是迅速地推动事情的进程——把事情做完——而不是"静观其变"或小心翼翼、蹑手蹑脚地猜测一切。

二者兼顾的CEO会愿意创造这种内部革命，但并非每个人都会如此。有些人会退缩，不愿意成为团队的领导者，不愿意把组织拉到它需要追求的无与伦比的旅程上。他们会乐于低调行事，只是走走过场。

二者兼顾的CEO必须转向外部而非钻牛角尖，授权而非控制，大胆而非谨慎，行动而非无休止地计划。在传统银行这样的排斥风险业务的组织中，这种大规模的重新布线不会自然而然地出现，而且也难以出现。

因此，尤其是在银行现有业务和运营模式发生根本性变化时，总会出现内部阻力。这并不意味着高管团队需要开始一场不计后果的组织变革的狂欢，或者期望他们的员工表现得像一群寻求肾上腺素刺激的狂热玩家。情况远非如此。前文中我们已经看到，如果脚下的刹车踩得太猛会发生什么情况，苏格兰皇家银行的结局就是前车之鉴。

这种反思迫使银行对风险和潜在失败更加宽容。银行性格的转变对于一个试探性的、微观管理的CEO来说是非常不合适的，如果他们承担这样的任务，基本注定了失败。同样，我们需要一个真正二者兼顾的领导者，可以随遇而安，致力于实现这一目标。

如果高管们愿意接受挑战，那么他们需要做什么？

组织文化——CEO拥有，员工创造

对于任何注重转型的CEO来说，首要工作之一必须是定义银行的文化。正如之前所言，在传统银行的封闭世界里，这可能听起来有点暧昧，但它却非常重要。超过3/4的人在投简历找工作时会考虑一下公司的文化，而超过一半的人认为文化对工作满意度的影响比工资更重要。

内部文化在很大程度上取决于组织的商业目标和希望自己在市场上的定位。如果银行希望构建现代、前沿的形象，最好也要将其反映在它的员工和企业给人的整体"感觉"上。

不可避免的是，像80%的员工都是工程师的微众银行，其文化与汇丰银行有着很大不同。不论在什么情况下，一家组织的文化对另一家组织来说都是行不通的。

简单地说，文化必须与目标契合。为了确保这一点，CEO必须认识到，文化变革是成为一家二者兼顾的强大组织的重要组成部分。你必须确定想要实现的目标是什么，以及什么样的工作场所、员工、态度、技能和价值观能够帮你实现这些目标。有一点是肯定的：一种文化必须与银行不断发展的业务模式保持完全一致。

技术在现代银行组织中的重要性不必多言，因为传统组织需要占很高比例的工程师和软件技术人员，它可以确保传统组织有着足够的"技术性"。

另外，许多以技术为重点的公司可能不得不质疑，随着公司不断成熟，他们最初的创业文化是否仍然适用。谷歌以将其工程师和计算机科学家放在首位而闻名，但从长远来看，由于它限制了文化多样性，这是否会对未来造成长期影响？

这是另一个问题，CEO必须采取一种二者兼顾的方法——现在是以某种文化为形式，但同样也要关注未来的需求。

但是，虽然一个公司的文化基本上是由CEO拥有的，因为CEO决定文化的性质，但他们的目标往往会被那些真正创造组织文化的人绑架或裹挟。真正创造组织文化的人，就是组织的员工。员工们首先塑造了文化，并在每天通过他们的行为和行动来强化文化。这些文化中有些与所需的文化一致，另一些则不一致。

这意味着，任何想要创造特定文化状态的CEO都必须首先改变现有员工的心态并适应，然后只招聘那些适应新环境的人。90%以上的领导者承认如果要成功实现数字化转型，将需要进行某种人才变革，其中44%的人认为需要广泛的变革。这一比例从2020年到2021年上升了7个百分点，表明管理人员开始认识到未来的任务到底有多艰巨。

这使领导团队处于任务的中心。他们必须不断地强化新的规范，不是告诉人们该怎么做，而是激励、培养和说服他们以另一种方式行事。如果愿景足够吸引人，人们就会自然而然地受到它的引力的牵引。

精明的领导者可能会想发现和栽培"变革拥护者"作为他们部门的文化倡导者。他们可以在变革中不断推广，成为对拟议的倡议和实际的试点计划提供积极和消极反馈的渠道。

反馈显然凸显了强有力的、透明的内部沟通的价值，因为这是建立信任和参与的唯一途径，可以鼓励人们遵守一套他们可能初次见到、完全陌生的规则。

此外，重点还包括如何衡量业绩。与客户建立信任也需要审查推广机制，因为奖励销售业绩突出的个别员工可能与试图提供最佳客户服务矛盾。

在传统银行的转型过程中，如果要让团队充分理解重大变革的好处，领导者的沟通再怎么频繁也不为过。

而且，这种沟通的深度需要远远超出CEO们沉迷的司空见惯、缺乏深度、"自我感觉良好"的演说。相反，沟通必须包括确凿的事实、详细的信息和展示变革行动的真实世界案例。如果要求员工提供反馈并获得了相应反馈，则需要承认这种反馈，而非将其视为微不足道的事。

尽管利用一切可用的渠道与员工明确接触十分重要，但强有力的外部沟通也很重要，它将影响客户、吸引新的人才，并且可以获得所有其他外部利益相关者的支持。一旦董事会完全签署支持转型计划，银行必须将其意图有效地传达给资本市场，这样分析师就能了解情况并跟踪正确的业绩指标。

培育文化

当许多人在最近的经济大萧条中苦苦挣扎时，为美国军人家庭服务的金融服务公司USAA则经历了其成立88年以来的最强劲的增长。彭博新闻社、《商业周刊》和其他机构给它的财务实力和客户服务打出了最高评分。

这在很大程度上反映了乔·罗伯斯（Joe Robles）鼓舞人心的领导力。他曾是美国陆军将军，2007年接任USAA的总裁和CEO，雄心勃勃地想要把公司带到更高水平。而想要实现这一目标，就需要将战略从单独为成员服务的单一业务线转移到做正确事情的整个企业，这是一个正确的决定。

罗伯斯满怀热情地承担了这个角色。他称自己为首席文化官（Chief Culture Officer），创建了称为"我的服务承诺"的六项文化原则。2015年退休的罗伯斯将USAA的成功大部分归功于这些原则。

"人们总是问我，USAA的秘诀是什么？"他曾经提到，"我一直告诉他们，很大一部分是由于这家公司的文化，它为我们带来了巨大的商业优势，客户满意度提高，取得了一系列业务成果，我们在过去3~4年里超越了很多竞争对手。"

罗伯斯表示，改善和强化公司文化是一个持续的目标，"文化不是一个噱头，不是一种推销，也不是一个一次性事件。很多人认为可以建立起强大的文化，然后把文化转到其他地方去一样有效，之后它就会维持下去。遗憾的是这并不是世界运作的方式"。

那么罗伯斯对其他正在领导文化变革的领导者和CEO有什么建议呢？

"人们经常问我，CEO拥有文化是否很重要，或者，员工中是否也应该有一个首席文化官。我本人是对董事会负最大责任的人，对这个公司的业绩和这个公司的文化负最大责任，所以根据定义，我就成了首席文化官。"

"我留给我的继任者的将是一个强大、充满活力的文化，这个文化专注于我们的客户，专注于我们的员工，延续我们的服务历史和强劲的财务业绩。如果我能做到这一点，"他说，"那么我就完成了我作为CEO的工作。"

在罗伯斯的领导下，USAA的会员数增长了53%，收入增长了45%，拥有和管理的资产增长了59%。这一切都发生在近期历史上最糟糕的经济衰退时期，在此期间，该公司仍然通过红利、分配、银行回扣和奖励向会员和客户返还了73亿美元。它也是少数几家获得穆迪、AM Best和标普最高财务实力评级的公司之一。

寻找合适的人才

有一点是明确的：无论其发展轨迹如何，银行都需要一支具有较高认知能力的员工队伍，特别是那些具有创造力、批判性思维能力、决策能力和理解复杂信息处理的人才。正如《深度工作》（*Deep Work*）一书的作者乔治敦大学教授卡尔·纽波特（Cal Newport）指出的："在新经济中蓬勃发展的两个核心能力是快速掌握硬知识的能力和在质量和速度方面达到精英水平的能力。"

对于人力资源部门来说，即便是业绩表现优良时，这种招聘也并非易事；而当一个组织处于文化变革的阵痛中时，招聘工作只会变得更加困难。事实上，80%的金融服务公司表示，它们在招聘和留住所需人才方面存在困难。

而且，这个问题不仅仅是雇用最好的人才，问题的关键在于很大程度上如何聘用合适的人。如果员工与作为雇主的你不能协调一致，则将会导致对业务的损害，特别是在一个小团队中。

从历史上看，银行业的管理层往往将自身缺乏活力归咎于无法吸引合适的人才。也许这有一定的道理，因为没有合适的人加入肯定会有影响。但是，为什么传统银行不能得到需要的人才呢？

部分原因可能是人们对传统银行的印象。如果求职者相信自己在很酷的、年轻的金融科技公司之中能工作得更开心，那么谁会愿意在大家普遍认为十分僵化、令人不快的地方工作呢？

如果银行要采用初创企业的心态，它们将需要来自其舒适区之外的更广泛的人才，而且候选人的组合越多样化越好。2013年，欧洲的一项研究发现，这种混合度更高的劳动力较少受到现有解决方案的约束，更有可能带来新的想法。

在某种程度上，传统银行被迫把招聘网撒得更大，因为它们通常只需要在很小的人才库中寻找具备专业技能的人才即可。而且，随着技术在工作场所不断普及，对拥有对口技能的人的需求只会越来越大。毕竟，只有当你的员工知道如何创建、运行和使用这些系统时，你才能充分利用创新的新系统。

而现在，银行对那些拥有对口技能的人有着大量需求，因为即使在欧洲最注重技术的银行，目前也只有20%~25%的工作以技术为导向。在许多机构，这一比例可能只有10%。想象一下，当越来越多的传统金融机构最终认识到需要招聘最先进的技能人才来运行他们的新系统时，会发生什么？

事实上，银行正在转向它们从未使用过的招聘方法寻找潜在的雇员，而银行在此领域的进展慢于其他行业，其他行业在新员工的招聘过程中更具创意。人力资源的数字化已经给其他行业在人才争夺战中带来了更快的速度、更高的准确度和更高的效率。

消费品巨头联合利华（Unilever）已经使用人工智能、社交媒体甚至是网络游戏来优化其传统的招聘和雇用工具。科技公司思科（Cisco）现在正在举办招聘"黑客马拉松"，并设立了数字人力资源计划，如其名为YouBelong@Cisco的手机应用程序，帮助新员工和他们的经理完成入职流程。即使是像IBM这样的老牌企业现在也在使用创新的人力资源解决方案，例如为其35万名员工提供个性化定制的数字学习平台。

创造数字化的工作场所

在数字化过程中，新员工对不断发展的技术感到舒适变得越来越重要，因为人工智能、机器学习、自动化和其他系统将越来越多地改变工作场所，并要求每个人与越来越智能的自动化进行互动。

幸运的是，这正是许多人期望的工作场所。德勤的一项调查发现，近2/3的员工更愿意在一个可以利用强大的在线社交网络的数字化工作场所中工作。有证据表明，数字网络非但不会分散员工的注意力，反而可以使他们的工作效率提高7%，并使员工满意度提高20%。

通过使用即时通信、虚拟会议工具和自动化工作流程，银行可以创造更透明的工作环境，所有团队成员都可以跟踪他们参与的每项任务或项目的进展。虽然这些工具可以成为银行转型中的一股力量，但这一切都归结于中高级管理层对它们的良性应用。如果用作控制手段，而不是创造效率的途径，它们反而会导致侵入性的文化，最终影响银行的业绩和声誉。

种种变化最终都会表现在员工留存率的改善，在合适的条件下，留存率可以提高87%。这是一个良性的信号，因为高留存率意味着员工是快乐的，而客户喜欢"善良、友好"的企业。快乐的员工对企业也是有利的。根据匿名的公司评价网站Glassdoor的研究，客户满意度每增加1%，公司的市场价值就可以增加4.6%。

准备好迎接不断变化的工作世界

传统银行和金融科技公司以及所有其他类型的科技公司面临的一个困难是，所有主要经济体的人口都在老龄化，从而导致劳动力萎缩。

因此，人们越来越需要迎合年轻一代的数字原住民，他们对工作和工作场所的态度可能与老一辈迥异。

年轻人希望成为重视多样性、社会意识和环境问题的组织的一部分。他们在努力寻找更好的工作生活之间的平衡，认为工作应该是有趣的，不愿意让工作过多地占据自己的生活。这意味着许多年轻的员工不接受他们的父母辈所忍受的长时间工作或漫长的通勤。如果没有见到雇主采取灵活工作时间等进步的政策，他们可能就会另谋出路。

如果需要进一步证明银行必须在文化上更加灵活，那就没有比要求员工居家办公的疫情封控措施更合适的了。金融机构不得不对这种巨大变化作出快速反应，而这是两年前很少有人能想象到的。但是，在他们面临巨大压力的同时，封控迫使各个机构创造性地重塑他们的系统以及在压力下的表现。能够在动荡中保持对客户的关注和整体用户体验的机构当然会变得更有能力、更为强大。

席卷全球的远程工作实验已经证明，采用某种对生产力影响最小的新模式是可能的。事实上，在许多情况下，这种新模式甚至可能还提高了生产力。

在见到了乐土后，许多人不想再回到原有的耗时、费力、乏味的日常通勤状态。有迹象表明，如果员工不能在自己喜欢的地方工作，有一半会去寻找另一份工作。也就是说，英国会有742万人换工作，而非回到传统的全职办公室环境。

传统银行需要准备好适应这种情绪的变化，因为许多金融科技公司肯定会这样做。如果银行试图将旧有的工作方式强加给员工，那么将会不可避免地受到抵制。

有迹象表明，一些大型组织已经开始抓住趋势。大约1/4的大公司表示他们现在愿意雇用那些不住在办公室附近的员工，而且，随着大规模远程工作的普及，这个比例可能还会继续上升。

高盛公司的"千禧一代"和"Z世代"员工已经占到了总

数的75%，该公司做了一件令同行们匪夷所思的事情：放宽了公司的着装要求，试图营造一个更加非正式的环境，希望能对年轻员工更有吸引力。

居家办公所带来的许多技术、人力资源和管理方面的问题已经得到解决，因此再度转向居家办公不会像一开始转型那样具有极大的颠覆性。

如果传统银行允许更大程度的居家办公，它们也可能丢掉一些阻碍创新、孤立业务线信息的旧方法，需要从静态的团队模式转变为开放的运营模式，即更多的工作可以由自由职业者和承包商完成。许多挑战者银行已经在这么做了，他们与第三方金融科技和监管技术供应商相关的可变支出占总运营成本的75%左右。

当然，传统银行如果像这样改变商业模式可能会引起一系列的治理问题。应对这些问题需要在监控员工和预防风险方面取得恰如其分的平衡。如果措施不当，可能会损害组织的声誉、生产力和品牌。其中一个值得注意的事项是：如果允许员工在自己选择的地点工作，就必须制定强有力的政策，确保他们知晓保护机密信息的重要性。

鼓励创造

说了这么多，数字转型不仅仅是技术问题。

腾讯公司的高级管理顾问杨国安评论道："当我们思考数字经济时，我们有时会认为一切都必须是全新或革命性的。但在数字世界中，像信任和诚信这样的东西变得更加重要。技术已经成为一种强大的力量，可以极大地改善我们的世界，但如果没有信任和诚信，它也会对社会造成很多损害，所以我们必须对这种力量负责。"

因此，在2019年，这家中国科技巨头采用了"用户为本，科技向善"（Value for Users, Tech for Good）的新价值主张。

由于创新对传统银行的未来至关重要，因此，在任何新文化中必须灌输的最重要的"软"实力之一就是创造力，这对希望拥有可持续未来的银行来说是不可缺少的。同时，银行还需要创造性的企业家思维来改善关系、简化流程、降低成本、加快沟通速度，并超越过去限制银行发展的界限。

由于停滞和重复会扼杀创造力，因此应该鼓励员工成为"终身学习者"，寻求新的知识并定期探索其他的做事方法。这就是为什么一些具有前瞻性的银行采用"轮岗"模式考验领导团队。

此外，还必须在新聘人员中寻求创造力，在他们上任后加以培养。银行可以通过解决问题的练习来鼓励组织内部的创造力，刺激员工对显而易见的结果进行超越性的思考。

一项具有挑战性的练习是要求人们超越他们的老路子，即使以往的做法还颇具活力。如果员工在创意团队中工作，那么团队越多样化越好。正如我们之前提到的，认知风格过于相似会导致对创新毫无意义的群体思维。最大限度地优化思想组合将有助于人们从不同的角度来审视和处理问题。

当然，在任何商业环境中，创造力必须有支点和目的。它远远超出了蓝天白日梦的范畴。创造力必须通过被管理的过程来捕获和引导，旨在提供符合明确业务目标的切实结果。这就要求员工以创造性的方式实现这些目标。

给予团队成员一定程度的自由将有助于培养创造力、发挥他们的优势，从而鼓舞和激励成员。然而，还必须密切关注进展情况，以便在必要时做出调整。

虽然提高创造力需要时间和努力——特别是在传统银行中，因为传统银行几乎不存在以不同方式做事的传统——但这个领域不需要沉重的预算负担。即使是像老式的意见箱这样的简单创意工具也可以成为获得匿名反馈的有效途径，避开文化或企业的"正确性"。更复杂的话，也可以建立一个Slack或WhatsApp小组来非正式地分享想法。

定期的午餐时间头脑风暴会议也是另一种可行方式。小组成员可以一起用餐，分享创造性的想法，同时建立某种凝聚力。还可以组织一场辩论，质疑那些可能阻碍银行前进的旧有假设。

无论是在线论坛还是线下聚会，关键是参与者不可以对任何新的想法进行批判，因为对遭受批评的恐惧会阻碍参与。

"不安全"的环境是创造力的致命杀手。在不安全的环境中，人们不认为自己可以讲出一些不同的东西或挑战已有假设，而这恰恰是我们需要的。如果需要大家提出质疑的时候，每个人都认可现状，那将会毫无帮助。

即使高层领导可能并不总是喜欢他们听到的内容，管理人员也必须对原创思维给予肯定。这会发出明确的信号，即创造力十分重要且受到银行的重视。

并不是说新的想法不应该被放在显微镜下仔细审视。虽然应该关注创造性思维，但也不应该忘记批判性思维，事实上这两者是相辅相成的。要评估从创造性思维中产生的潜在解决方案，必须要有严格的审查。不过，在对新想法进行严格的剖析之前，应该给它们以喘息空间。

即使是最有创意的想法，如果没有人考虑如何将其商业化和实施，也无法带来价值。理论上，商业化和实施应该由单独的团队完成，但在交接过程中，领导者必须确保高质量的想法不会因为实施者的利益而被无意义地稀释。

虽然在正确的时间将正确的数据提供给正确的人可以带来显著的竞争优势，但如果高级管理层不支持这些举措，不能使其成为与整体业务模式一致的数据战略的一部分，竞争优势也就不会显现。

提供这种支持是创造文化变革的核心，尤其是在艰难时期，而这种文化变革允许金融机构在迅速重塑的世界中保持活力和相互关联。

　　"幸存者组织"将演变并适应这个不断变化的世界。问题是，你会成为幸存者之一吗？我们将在下一章思考你是否具备这样的条件。

第十五章

银行能否
反击？

能够存活下来的物种不是最智慧的，存活下来的物种也不是最强壮的，但是存活下来的物种是那些最能适应其生存环境变化的。物竞天择，适者生存。

——查尔斯·达尔文（Charles Darwin）的

《物种起源》

写到这里，我们来总结一下。

我们即将结束对银行业世界如何变化的研究，在技术的颠覆性推动下，我们将进入一个未知的新领域。一些组织将茁壮成长，另一些组织行将灭亡。

虽然这对一些人来说可能很新鲜，但实际上却不是这样。如果我们回到几百年前，即1815年6月18日，我们可以看到早在两个世纪之前，技术如何颠覆了金融服务。

在这个潮湿泥泞的周日，决定命运的滑铁卢之战打响了。尽管许多人都知道它的到来，但在金融精英中只有一个人——德国金融家内森·罗斯柴尔德（Nathan Rothschild ）——有着先见之明，在战场附近派人驻守，配备了当时最好的通信技术——最优秀的信鸽。

当威灵顿公爵的联军击败拿破仑的时候，这些鸽子们被放了出来，把这个宝贵的信息带回了伦敦。罗斯柴尔德可以通过利用这一知识来投下对他有利的巨额赌注抢占先机。他随后在英国英联邦国库证券（称为金边债券）中获得的暴利成为他财富的基础。

在那一天，成功的关键是速度。今天，情况仍然如此。然而，许多传统银行对不断变化的市场的反应仍然太慢。这要么是因为他们缺乏足够快的"鸽子"（技术），要么是因为他们被困于过去裹足不前的心态。

正是这种固有的迟钝，使得传统银行成为颠覆性金融科技公司的活靶子，这些公司撞进了一个没有被邀请的聚会。它们的出现给许多迄今为止经受住了时间考验的银行带来了巨大的压力，一些银行将会倒闭，而其他银行将因机会或选择而发生不可逆转的转变。

前景太过黯淡？

当然，正如我们在前文所说，如果你领导着一家传统银行，你可能不会同意我们相当悲观的结论。你并不是一个人——一些聪明的、有声望的人根本不会相信我们的核心论点，或者认为他们有足够的时间来完成循序渐进的转变。

我们认为，这不太可能。基于我们的深入研究，我们确信背道而驰者正在加速一些优秀的、朝着悬崖急速迈进的传统银行的消亡。

正如前文所言，用传统媒体在过去10~15年发生的变化类比可能较为合适。传统媒体行业被打了个措手不及，因为似乎在一夜之间，绝大部分的广告都实现了数字化。报纸和杂志的版面上没有了广告，而这正是它们的衣食父母。

同样，在银行业，新技术带来了商业和收入模式的根本变化，给那些坚持复杂的投资组合、呆板的旧产品和僵化的基础设施的人带来了打击。

如果你认为我们只是在见证向数字化转型的开始，那就再想想吧。残酷的现实是，领先的银行和颠覆者已经进入数字化的第二阶段甚至第三阶段。

新进入者蚍蜉撼树

在这个颠覆性的新环境中，非银行金融机构和金融科技公司已经走在了前面，因为他们一开始就想颠覆这一切。他们的创业心态也意味着他们更加专注、一致、灵活和积极，因此能够很好地利用传统供应商的弱点。

部分传统机构将比其他机构更有能力应对这一挑战。企业和投资银行需要重新调整的可能性最小，因为他们资金雄厚，而且是由人际关系驱动的。但是，对于全能银行或零售银行来说，情况就非常不同了。我们重申一遍：在这场竞争中，试图为所有人提供所有服务，其结果几乎总是以灾难告终。

即使在2008年的金融危机之前，大型单体银行也没有创造价值。像美国银行这样的巨头，其股价在14年里几乎没有变动。而且，这种情况在不止一个地区出现，它已经成为全球现象。欧洲、南美洲、中东地区，甚至是中国和东南亚地区都出现了这种情况。尽管本地经济已经迅速增长，但只有少数传统银行设法克服了严重的资本市场折价，增加了它们的价值。其余的机构，尤其是那些西方机构，在过去20年里已经损失了数倍的价值。

对于那些对正在发生的事情准备不足的人，情况只会更糟。超低的利率环境意味着没有赚取转型所需收入的盈余，与此同时，银行业务费用正在不断受到政府和监管机构的质疑。遗憾的是，随着后疫情时代的经济衰退，银行将很快面临大量不良贷款。

如何重回正轨？

为传统银行说句话，它们有两种武器可以利用。第一，他们拥有仅次于科技巨头的规模宏大的金融资源；第二，它们的客户群仍然相对稳定，因为人们仍然信任传统银行，相信它们能保管好人们的钱。然而，它们看到越来越多的客户转向能更好地满足人们需求的非银行金融机构。

传统银行的另一线希望是，金融科技公司正在与许多鲨鱼同游。例如，支付公司的市场严重拥挤，许多参与者缺乏足够资金，只能眼睁睁盯着空空荡荡的财务报表。这种过度竞争将不可避免地造成一场厮杀，许多非银行金融机构将无法幸免。

这是否意味着传统银行能够获得一线生机，而不是注定失败？是的，确实如此。

这是否意味着传统银行有能力扭转其亏损局面？同样，答案也是"是的"，但前提是他们必须遵循我们在这里提出的二者兼顾的模式。

虽然前面的路看起来不甚明朗，但对于那些勇敢、有创造力、对其行业到达点有清晰认识并愿意相应地重塑其组织的银行家来说，他们现在有着绝佳的机会将自己置于新兴的新金融生态系统的前沿和中心。

不幸的是，那些不具备差异化的常规战略，继续将资源分散在地域、业务线、能力和客户群之间的企业，将继续受到更集中的竞争对手的影响，继续获得令市场失望的次优回报。

这些企业只有一种命运。他们将成为徘徊在华尔街的猎食者的猎物，寻找廉价的资产收购的机会。

更小的份额，更大的蛋糕

如果这还不够，技术正在加速侵蚀传统银行和其他部门之间的界限。正如我们所见,这种融合正在使外来者跳入金融服务领域,尤其是在外来者拥有强大的横向能力的领域——苹果和谷歌就是明显的例子。虽然我们不认为这些科技巨头会接管世界,但我们确实看到他们在提供行业技术骨干方面发挥着越来越大的作用。

这将进一步重构银行业的格局,促使新的金融产品和服务的产生,其动力来自脱颖而出的需要和对消费者需求变化的预期。嵌入金融、市场平台以及帮助人们享受更多"无摩擦"生活的必备超级应用程序,都是金融科技公司已经逐渐领先的领域。每当出现这种情况时,他们就会从传统银行的蛋糕中窃取更多的利益。

好消息是,随着银行潜在市场的扩大,这个蛋糕可能会越来越大。在新冠疫情暴发之前,交易量一直在不断攀升,消费信贷水平也在增长,这得益于先买后付等产品的发展。随着市场变得更加复杂,新的细分市场应运而生,银行和非银行金融机构的客户都将为他们的问题寻找新的解决方案。

不幸的是,许多传统银行将无法从中受益。他们将成为别人的晚餐,除非是已经处在精挑细选、赢家通吃的俱乐部里。在他们曲高和寡的世界里,技术将同样产生影响,但程度不同。虽然他们会接受像区块链这样的技术发展,但这更多是处在边缘,而不是对其业务或收入模式的根本性改造的一部分。

大多数银行将需要缩减开支,但这不应该被视作是一种退缩。相反，这可能是一个机遇，释放资源，重新投资于创建所需的新商业模式。有一个很好的例子，就是新加坡星展银行。它将资源转向了完全没有实体机构的纯数字银行模式。正如我们之前所述，这是一个成功的模式，星展银行正在考虑将其推广到东南亚市场。

虽然银行在选择其未来的道路上有一定的战略自由，但它们也都会受到一些总体力量的支配。首先，银行业务将在很大程度上转移到网上，通过新生的生态系统（如金融服务市场）销售范围更小的超个性化产品。银行也将需要向中小企业等更高价值的产品和服务发展，而这些产品和服务目标是以前被忽视的领域。支票清算、信用卡发行和托管管理这样的低利润领域已经没有任何意义，这些领域已经被新进入者淘汰。

在鸿沟的另一边，我们预测，由于市场变现，如Stripe之类的表现更佳的非银行金融机构将越来越多地收购传统银行，直接剥离它们的需求。最理想的削减将是客户关系和客户特许权两部分。这一点已经有了例子，LendingClub收购了位于波士顿的数字银行Radius，并将其变为LendingClub旗下的银行。

因此，在这一切之后，我们可以预测谁会在长期拔得头筹：是传统银行还是金融科技公司？尽管我们对它们充满指责，但我们相信，总的来说银行可能还有优势，尽管这将取决于它们如何回答一系列重要问题。

问题一

你对这个行业的到达点是否有着明确的认识？

就许多方面而言，这是最大、最重要的问题：当你眺望未来时，你看到了什么？

如果你心中没有一个明确的行业到达点，你就会发现自己只是在对最新的竞争威胁作出反应，而不知道它是结构性变化还是只是一次性的指标。换句话说，如果你没有颠覆别人，那么你就是那个被颠覆的人，而且不难看出这种颠覆来自何方。观察全球金融科技市场的走势，这一市场在2018年的价值为1276.6亿美元；到2022年，随着新进入者的涌入，其价值预计将达到3099.8亿美元。

随之而来的是"三角战略"之类的不同的、不稳定的经营方式，允许他们利用银行没有的资产和渠道。或者说，伴随着电子商务在许多市场和渠道的崛起，嵌入式金融也提供了指数级增长的机会。例如，在美国，嵌入式金融市场的规模预计将相当于科技巨头的规模——换句话说，大约是今天全球银行市场价值的一半。

随着传统价值链被这些颠覆者瓦解，它也在被一个包含很多商机的、更广泛的金融生态系统取代。新的世界正在塑造，但是至少目前，资本密集型模式仍然与轻资本模式并存。

在这种混合的商业环境中，长期以来一直支撑着金融服务的老派英国银行模式看起来越来越无关紧要而且摇摇欲坠。如果零售银行想要在市场上保持任何地位，它们将需要转向轻资产负债表模式，围绕着销售第三方产品，而不是将存款转化为新的贷款。

为了实现这一点，他们将需要一些非同寻常的能力。

与任何其他转型一样，银行业的技术转型也将不可避免地出现高峰和低谷，但我们确实相信这种金融科技的颠覆将长期持续，而且我们不是唯一相信的人。如果我们把市值总合作为金融弹性的一个很好的指标——不管你喜不喜欢，它确实如此——我们就可以看到，市场更关注的是未来的价值，而非昨天的资产负债表。

银行正在经历的事情也是市场中更大的经济转型的一部分。正如澳大利亚国家银行（National Australian Bank）的CEO安妮·贝内特（Anne Bennett）所说："世界上最大的电影院没有电影院，世界上最大的出租车公司没有出租车，而且越来越多的大型电信运营商不拥有电信基础设施。那么，银行的未来资产是什么？"

她的答案是什么？

"经验。"

但是，如果过去的经验被应用在错误的方向，打着早已过时的战斗，那就没有什么意义了。

理解银行业的到达点将成为一个关键问题。解决这个问题需要一些富有想象力的甚至痛苦的思考。

虽然每个银行的到达点各不相同,但考虑到每个银行的独特性,一个共同的要求是它应该远离银行现在的所在。如果不是这样那就是高管团队想得不够远——这样,他们可能无法回答下一个问题。

问题二
你是否选择了正确的战场?

如果你认识到事情已经发生了变化,而且不再可能做到面面俱到,那么你在哪些战场上有优势,或者在哪些战场上可以通过掌握新能力来帮助你脱颖而出?

希望与金融科技公司和非银行金融机构竞争的传统银行不再通过"对冲"策略来稀释其资源。把鸡蛋放在不同的篮子里对投资者来说可能是可行的,但对传统银行来说行不通。这是注定失败的方式,因为它只能产生次优的结果,确保你继续在早就应该放弃的领域投资。因此,银行需要做出一些艰难的商业决定,是服务现有市场还是退出。

相反,你需要从正面引导,专注于你可以发挥核心竞争力的市场区隔,并接受由开放银行和嵌入式金融等事物所创造的新机会。

正如我们反复强调的,银行的全面转型不应该被看作是IT部门的一个辅助项目,或者是可以用现成的、一刀切的解决方案就能解决的问题。它不是在敲边鼓，重点是要找到合适的方法，全力推动变化的发生。

这意味着放弃长期建立的活动、重新评估你愿意接受的风险水平、重组系统和流程、毫不犹豫地投资所需的新技术，以及任命接受合适的领导者，他们要拥护我们在此介绍的二者兼顾战略。这将是在一个日益商品化的市场中脱颖而出的唯一途径。在这个市场中，参与者的市场份额不断缩小，低价和高价服务之间的差距也在不断缩小。

你准备好这样做了吗？而且，你如何知道你是否拥有有效的战略来做需要做的事情？评估一家银行的企业战略最简单的方法是直接问："它是否有效？"

使用绩效指标只会让你了解当前的情况。它们只能说明问题的一半，因为它们既取决于所选择的战略，也取决于战略的实施效果。你需要考虑其他评估指标，比如高管们对要追求的企业目标和政策的共识。或者，你在多大程度上不需要重新调整资源、搁置计划中的项目，或开始"割肉"的成本削减计划，所有这些都是战略规划失败的明显迹象。

对银行的领导者来说，这些应该都是显而易见的，但我们却经常见到稀缺和宝贵的资源被大规模地部署，没有经过任何深思熟虑或漫无目的。可以毫不夸张地说，如果没有明确的战略可循，那么银行可能正在走向破产。

我们还要明确一点，数字化本身既不是一种战略，也不是一种商业模式,而是加强和实施商业模式的一种手段。

问题三
你是否足够果断和快速?

如何能在现实中迅速转型是一家传统金融机构最大的挑战之一。你所需要的变革必须现在就进行,已经没有时间可供拖延。要么改变,要么被改变。要么生存,要么死亡。

现在正是果断决策、大胆行动、坚定地执行你的战略选择的时候。没有必要等待,希望这只是某种"矩阵中的涟漪"。事实并非如此,银行正在经历的是构造板块的完全转变。

某些机构,如CBA,经过了漫长的发展才取得了目前的地位。今天的金融机构没有这种奢侈待遇。CBA有10年的时间完成转型,而那些银行的现任掌舵人必须考虑在短短3年内完成所需的工作!

这种说法是在夸大其词?公然制造恐慌?我们认为不是。

看看电动汽车市场你就会知道。5年前,人们认为将在几十年后才能达到任何有意义的市场拐点。在挪威,现在登记注册的新车95%都是电动汽车。特斯拉是对汽车行业到达点有最清晰看法的公司,很早就预见到了由电池和太阳能板组成的"电动集成世界",并决定成为其中一员。这就是愿景的定义。

银行发现自己不得不埋头追赶,这能归咎于谁呢?这是一场完全由它们自己制造的危机——一个自残的伤口?它们还能怪谁呢？当然不能怪监管机构。难道监管机构不是一直在庇护着传统银行，使其免受金融科技公司的全面冲击吗？

现实情况是，传统银行应该利用他们在这个监管的保护伞下的时间，为某一天它的撤去做好准备。早在2008年金融危机之前，"转型或被抛弃"就应该是他们的咒语。但事实并非如此，因为那些规模臃肿、自得其乐的传统机构认为他们可以继续抵御这些不可避免的转变，直到未来的某一刻。好的，伙计们，"未来的某一刻"现在真的到了。伞已经撤去，雨却还在下。现在，银行需要放出救生筏了。

那么，在这场特殊的风暴中，我们处于什么位置？

我们肯定已经离开了数字化转型的第一阶段，现在正进入一个新阶段。在这里，融合正在模糊部门之间的界限，导致新的市场空间的产生，让我们对速度的需求变得更加迫切。

问题四

你是否有合适的负责人，做需要的事情？

这个问题绝对是一家传统银行的生存和未来获得成功的核心。现在需要做出的大胆决定意味着，CEO们在经历这一过渡期时，不能回避当务之急，或是躲在团队身后。

如果一家银行要重新定位，那么它需要一位有创意、勇气和远见的CEO来实现真正的转型。这是因为，为银行业的到达点做准备——无论你认为到达点是什么——都需要重塑整个组织,包括前台和后台所有流程。组织需要削减劳动力和IT成本,减少进入市场的时间,提高灵活性并提高运营效率。在最好的时间点,尤其在疫情大背景下,这已经是一个很高的要求。

有一点是肯定的:一位被旧的经营方式所束缚的CEO不可能带领组织完成转型。我们需要的是一位能在短期内把实现大幅增长和提高生产力二者兼顾的领导者,同时重新设计银行的业务模式,将其推向新的地方。像BBVA、摩根大通和高盛这样的公司已经迎接了挑战,并确实做到了。

这意味着银行业的领导者必须有一个"转型愿景",其中包括希望达到的目标和一条不会毁掉银行的路径。这与"前瞻性"完全不同,"前瞻性"只是在确定一些行业趋势并勾画出一些可能的应对方案。

真正能二者兼顾的CEO还必须善于透过那些基本不相关的信息风暴,切入他人复杂意见的本质,推动他们的决策——即使这些决策是基于不完整的信息。

引领转型,这不是肤浅的公关活动或是安抚董事会相关成员。我们需要一个认真负责的人掌舵。你的组织中有这样的人吗?

问题五

董事会是否也了解需要做什么?

负责任命CEO的董事会是否完全了解颠覆者如何从根本上分

解银行业的传统价值链？你的董事会成员能胜任这项工作吗？

他们是否完全明白，传统的模式在经济上不再可行。投资于众多的企业，静观其变，看看哪一个会发展起来，这种方式不再是一个可行的选择？他们是否意识到这是一个他们再也负担不起的奢侈赌注？

如果他们不明白，并认为自己仍然处于正常运营的模式中，那么他们最终只会任命一位和他们想法一致的人来管理组织。这就是灾难的原因。

遗憾的是，如果他们走上这条疲惫的老路，他们集体对行业未来的盲目看法将把他们的银行仍然牢牢地禁锢在过去，而且会雇用技能和能力不匹配的人才。

他们不会招募所需的二者兼顾领导者，而是维持现状的CEO——他有着带领全能银行表现不佳的经验，而这正是他们现在最不需要的负责人。

你如何阻止这种情况的发生？你可以引入更多样化的个人，他们代表不同的性别、种族和经验，还必须精通技术，对人工智能、机器学习、RPA和增强现实等类知识，或者至少有强烈的意识。

然后，为了确保他们的知识保持新鲜度，董事会需要的不仅仅是一个"做IT"的人，而是一个真正的技术倡导者。这将是一位不仅在技术上有能力，而且具有优秀的沟通能力的董事会成员，他可以简单明了地解释正在进行的大规模数字化转型的需要。

如果你的董事会的预设立场是寻找不要将资金投入技术的理由，那么就有理由担心了。

走向数字化的本质远不止拥有一个提供查询余额或电子支付功能的应用程序或客户界面，它意味着要有勇气破除银行长期以来坚持的过时的成本和收入模式，用全新的价值主张取而代之。

因此，如果你是那种让助理打印出邮件供你审阅的高管，我们敦促你变得更加开明。睁开你的眼睛，看看银行业有多少已经被技术改变。只要看看你的孩子或孙子，看看他们使用智能手机、社交媒体应用程序和网络游戏有多轻松愉快——他们正迅速成为你的银行必须迎合的对象。

问题六

你的企业价值观和组织文化是否适合你要做的事情？

银行家们往往一提到任何没有硬性金融优势的东西就会选择退缩，这是传统银行家的心态。

今天的领导者必须从组织的个性和文化方面思考，因为消费者的目光已经超越了单纯的交易机制，而转向对交易背后的公司的观感。

正如我们在上一章所说，如果你的企业文化不正确，你一定会输给金融科技公司。

企业文化的变革不会偶然发生，它将源于CEO输入的开放的、前瞻性的心态。

同样，这也是为什么找到一位二者兼顾的领导者至关重要。他们的工作包括使组织中的每个人都相信，银行业的好日子已经过去了。它不再是缓慢而谨慎的行动，不再是永远不承担风险，也不再是相信什么都不做比做点什么好。现在是时候把那本陈旧的规则书扔出窗外，用不同的思维方式重新开始。这就是必须传递到组织的每个角落的信息。

遗憾的是，许多银行高管还不了解数字化这类东西的影响，以及它如何影响从核心功能到组织结构和文化等组织业务的各个方面。

我们讨论了苏格兰皇家银行的情况，尽管该机构拥有大量资源，却无法创建一家成功的数字银行。它被与新模式完全不匹配的旧思维方式束缚。与之形成对比的，N26和Tandem这样的公司则突破重围，仅用少量成本就取得了巨大成功。他们以一种专注、快速发展的思维方式实现，并尽可能以最好的方式满足客户的需要。

拥有正确的文化也是招聘和留住员工的基础。考虑到新冠疫情之后，许多曾经忠实的员工也要重新考虑他们的选择，这一点就显得更加重要。这也导致了一些人所说的"大辞职浪潮"。例如，仅在2021年4月就有近400万美国人辞职，是美国劳工统计局有记录以来最高月度数据。

近2/3的员工现在将企业文化列为留在——或者反过来说，

离开——当前公司的最重要原因之一。事实上，企业文化经常被认为是预测员工满意度的最佳指标，比薪酬或工作与生活平衡更重要。

然而，银行的文化价值观和日常行为往往与他们想要招募和留住的人才不一致。很多时候，银行不尊重他们的员工，这确实很遗憾，因为被尊重是人们从他们的工作对象那里最希望得到的东西。

你的银行是一家受人尊敬的组织吗？如果不是，它需要改善其声誉，特别是当你正在着手进行基本的重组时。在工作场所，人们普遍厌恶缺乏相互尊重，不仅仅是因为它与裁员或工作不稳定有关，也因为它往往与构思不周、仓促行事、实施不一致、沟通含糊的变革有关，因此，这种情况下也不清楚它如何融入组织的长期战略。

还有一个问题是，银行文化如何考虑到人们对环境、社会和公司治理（ESG）日益增长的兴趣，这反映了一家公司超越纯粹商业意识的集体意识。对越来越多的消费者和投资者来说，这些议题非常重要，所以银行必须适应这种变化。你可以适应吗？

问题七

是否投资于正确的技术？

正如我们之前讨论的，在今天的银行环境中，技术过时的现象比比皆是。即使所有银行都没有意识到这一事实，许多监管机构也已经意识到了。那些不注意即将报废的硬件和软件情况的银行，会发现自己正面临严重的资金问题，因为他们急于用更适合的东西来取代他们陈旧的IT基础设施。

有效地采用和使用下一代技术是一条通往更广泛的客户参与、更迅速的产品开发、更良好的运营管理，以及提升合规性、效率、增长的正确道路。它还将通过出色的、超个性化的服务来丰富客户体验。

转向新技术显然需要摒弃旧的系统和软件，但这是一个不得不接受的代价。幸运的是，信息技术的成本继续下降，基于云的服务的采用可以大幅削减基础设施成本。

银行还必须通过使用前台、中台和后台流程的架构来实现技术的不可知性（即泛用性），允许与第三方解决方案轻松整合，促进来自传统的IT解决方案的迁移。

对一些银行来说，这是一座比其他银行更大的山。在撰写最后一章的过程中，我们的经历生动地提醒了我们这一点。发生了什么呢？一家非常大的国际银行，一个家喻户晓的名字，要求客户通过传真发送交易确认书！这可是真事！

我们说到的传真已经是过时十年以上的技术。现在还有多少办公室有传真机？就更不用说个人了。银行不是要求提供安全的通信手段——例如嵌入信息的PDF——而是接受一份未经核实、可能属于任何地方、任何人的电话发出的可以任意复制粘贴的文件。荒唐至极!

技术是通向未来的关键,因为它可以帮助任何规模、任何类型的银行解决其最大、最复杂的问题。高德纳研究副总裁布莱恩·伯克(Brian Burke)称,技术创新是"竞争差异化的关键因素"和"改变许多行业的催化剂"。从提高生产力、削减成本到进入以前无法进入的细分市场和丰富客户体验——技术使这一切成为可能。

当然,考虑到技术给每个行业带来的变化极为剧烈,预测任何行业的未来都是一次高度投机的冒险。谁知道其他新兴技术在未来十年将如何影响银行业的发展?正因为没有明确的或直接的图景说明这可能发生,所以才不能保证它们不能或不会产生影响。

随着突破性技术的不断出现,即使是最具创新精神的金融机构,要保持在银行领域的领先地位也是一个不小的挑战。银行将不得不越来越努力地通过创新开辟出一个利基市场,然后通过不断致力于高水平的服务和效率改进来保护这个市场。换句话说,识别新兴技术,然后利用它们来发挥优势,必须成为一个不断重复的过程。

无论你认为银行业的未来发展方向将是什么,采用童子军的座右铭,"时刻准备着"应对不断变化的金融环境似乎都是一种明智的选择。

这不再是用新的包装来适应旧的工具和产品,而是对银行及其运作方式的彻底反思。

当你拥有缓慢、过时的系统和流程时，与提供低成本产品的竞争对手正面交锋是不可能完成的任务。传统的银行根本无法与他人竞争，因为它们过时的软件不允许它们这样做，而且过去的赢利产品支撑着不能赢利的产品的交叉补贴网络也根本无法拆分。

问题八

你是否将客户放在一切工作的首位？

现在，客户就是银行的一切。这意味着任何数字化转型都必须从根本上牢牢立足于它们提供的客户价值。你可以对你想要的任何东西切片、切块和测量，但这确实是唯一的标准。

当然，如果银行真的想为他们的客户提供服务，那么就需要摆脱从人口统计学和购买历史的角度来考虑他们，这可能会对他们的未来需求产生很大的误导。

相反，它们需要利用技术获得对它们的交易对象更好的理解，然后利用这一点来实现与交易对象的每一次个性化互动。

最先进的"聊天机器人"和其他由计算机支持的对话工具现在已经成为最低的要求。如果能应用人工智能来识别每个客户，然后准确预测他们每次谈话的目的，那么效果会更好。如果这能帮助你成为一个无懈可击的问题解决者，能够提供"一个电话就能解决的方案"，你就会为你的客户节省时间和精力，这将大大有助于你成为他们心目中的赢家。

由于开放银行业务意味着颠覆性的第三方机构现在可以访问另一家金融机构持有的客户数据，银行别无选择，只能专注于成为数据优先的高水平组织，这样就可以将他们丰富的客户知识变现。同样，这也要归功于对正确的技术和一流分析的投入。

这样一来就可以创造机会，但机会通常只对那些倾向于占领市场并留住客户的"早鸟们"有效，后来者就更加举步维艰了。

您是否已经开始转型为一家真正的客户优先的组织，而不仅是名义上的？

问题九
你正在采取什么措施成为你需要的创新组织？

与改善短期业绩齐头并进的是对有效创新的需求。有效创新是银行变革的引擎，也是银行转型的根本动力。

那么，您是否采用了非银行金融机构的敏捷方法？快速创造，寻求快速的反馈，朝着领先于你的组织加倍努力，终结你的手下败将。然后，洗牌、重复这一过程。如果你现在还没有开始的话，你现在就应该开始这样做了。

当然，这意味着你必须时刻准备接受更多的失败，但回报可能是值得的。橘子银行证明了这一点是可行的：它能够在一个月内推出6~8项产品创新，是一家传统金融机构一年内的2倍。

创新是增长的动力。根据普华永道的一项研究，在包括金融服务在内的行业中，领先的创新者的增长率可以比创新能力最弱的对手高出16%。

因此，如果高层领导没有制定一个可靠的创新战略，银行将很难提供客户所寻找的未来产品和服务。当然，如果你满足于简单地跟随领导者并希望得到最好的结果，这是不可能的。

正如我们前文中所说，创新永远不够。曾经看起来领先于时代的想法可能在一年内变得烂大街，甚至可能更短！

问题十
你是否愿意放下你的企业自我？

现在，只有最大的银行才真正希望吃独食。这意味着如果传统银行要为其客户提供卓越的价值（它们必须如此），必须愿意与金融科技公司合作，因为金融科技公司拥有数字知识和经验，他们可以利用这些知识和经验来填补其产品中的任何空白。

事实上，大多数银行必须准备好成为更广泛的生态系统的一部分，以服务客户更广泛的需求为导向。这样，他们将能够化守为攻，更好地保护自己的地位。

在这样的环境下，金融品牌一般不可能像以前那样脱颖而出。然而，银行可以在某种程度上通过确保它们在塑造所属的任何平台时发挥积极作用，来弥补曝光率的损失。例如，桑坦德银行通过推出"贸易中心"，一个包含非金融服务的专有平台，做到了这一点。对许多金融机构来说，与第三方一起提供特定行业的解决方案将是通向长期未来的唯一途径。

但是，你和你的银行准备好这样做了吗？你愿意变得不那么引人注目吗？或者，你打算继续独自在你的角落战斗吗？

问题十一

你是否准备好、愿意，并能够前进到你要到达的地方？

这确实是一个价值数十亿美元的问题。

传统银行必须成为精悍的战斗机器，像他们的数字对手一样运行轻资产的商业模式。能够做到这一点的唯一途径是成为一个灵活的组织，能够平衡即时的生存需求和长期的转型需要。对许多人来说，这可能比颠覆性的新进入者构成更大的威胁。

如果你认为你不需要转变，那么其他一切都无关紧要。正如温斯顿·丘吉尔所说："不从历史中吸取教训的人，注定要重蹈历史的覆辙。"

你只需要观察到足够远的前方。

当我们询问一些CEO他们认为银行业的到达点在哪时，许多人表示并没有明确的到达点。他们想要表达的意思是，银行业本身是不断变化的，所以"瞄准、射击、脱靶"几乎是标准过程。最重要的是你打偏了多远。

因此，一旦你重塑了自身，你就需要通过不断的解构和重构的循环，一次又一次地重塑。

正如我们所见，到达点可能会转移，但它往往会在某个区域内停留很长时间——也许是10～15年——然后可能是因为技术变化，突破这些界限。然后，它会沉淀到另一个位置，为重复这个过程做好准备。我们可以把全能银行看作是其中一个阶段，把金融科技公司的崛起看作另一个阶段，而市场平台可能是下一个阶段。

更精明的CEO将从这些周期的角度考虑问题，这样他们不仅可以在5~10年内成为赢家，而且可以在20年或更长时间内成为赢家。

对行业的到达点有一个清晰的认识，并不意味着你必须能够看到沿途必须选择的每一步。不要认为即使尝试也是毫无意义的浪费时间，因为任何企业现在面临的仅有的两个确定因素就是持续的不稳定性以及做一切事情时间上的缩短。

我们肯定，当杰夫·贝佐斯在他的车库里创办亚马逊时，他不知道他的公司在25年后会是什么样子，也不知道它将带来多大的颠覆。贝佐斯怎么会想到亚马逊通过为买家提供更低的价格、极大的便利和快速送货的无敌组合，颠覆了既有的价值链？贝佐斯只是从一开始就想到了一个颠覆性模式，并以之为起点。

之后，就是准备不断适应和抓住不断出现的新机会。这就是为什么亚马逊网站不再仅仅销售图书——而亚马逊的第一单生意,是道格拉斯·霍夫斯塔特(Douglas Hofstadter)的著作《流体概念与创造性类比:计算机思维机制模型》。

但正如我们所看到的,成功没有任何保证。即使有足够的意愿、智慧和资源,数字化转型也可能会失败。有时因为缓慢而不确定的决策没有实现愿景;或者可能没有足够的承诺来引进合适的人才;或许是无法在组织内创造一种企业家精神;或者无法足够快地改变古旧呆板的银行文化。

我们撰写这本书的目的,不是为了给银行业的弊病开出药方,而是为了帮助激发人们对银行业不断变化的本质和银行家所面临的选择进行讨论。我们希望能够用一种提供新的深度理解的方式来实现这一点。

我们已经解释了为什么我们认为传统银行的领导者别无选择,只能迎难而上,着手创建一个二者兼顾的组织能够为投资者创造短期业绩,同时又能腾出资本,重新调整整个业务以实现长期转型。

任何银行所走的道路都将取决于其领导者如何看待未来——银行业的到达点——以及他们如何回答上述问题。

最终,赢家将是那些能够克服传统机构无法克服的惰性的银行。

所以,就是这样。

银行高管们……现在看你们的了。